FINANZAS
PARA LA
RAZA

COYO SAN

BARKER & JULES

Finanzas para la raza

Edición: Barker & Jules Books™
Portada: Carlos A. Rodríguez Gómez | **Barker & Jules Books™**
Diseño de Editorial: Carlos A. Rodríguez Gómez | **Barker & Jules Books™**
Ilustraciones: Andrea Alvarado

Primera edición - 2021
D. R.© 2021, Coyo San

I.S.B.N. | 978-1-64789-426-9
I.S.B.N. eBook | 978-1-64789-427-6

Todos los derechos reservados. No se permite la reproducción total o parcial de este libro, ni su incorporación a un sistema informático, ni su transmisión en cualquier forma o por cualquier medio, ya sea electrónico, mecánico, fotocopia, grabación u otros, sin autorización expresa y por escrito del autor. La información, la opinión, el análisis y el contenido de esta publicación es responsabilidad de los autores que la signan y no necesariamente representan el punto de vista de Barker & Jules Books.

Las marcas Barker & Jules Books™, Barker & Jules™ y sus derivados son propiedad de BARKER & JULES, LLC.

BARKER & JULES, LLC
2248 Meridian Blvd. Ste. H, Minden, NV 89423
barkerandjules.com

FINANZAS
PARA LA
RAZA

COYO SAN

La explicación más perrona sobre el sistema financiero humano. Léase bajo su propia responsabilidad humana. Ningún perro se hace responsable por sus decisiones financieras.

BARKER & JULES

ÍNDICE

I.	INTRODUCCIÓN	9
II.	VALOR DEL DINERO	13
	1. ¿Qué es el dinero?	14
	2. Aprendizaje social	18
	3. Divisa	26
	4. El precio y el valor agregado	34
	5. Inversión	38
III.	EVOLUCIÓN DEL DINERO	46
	1. Trueque	48
	2. Oro y moneda	51
	3. Papel moneda	54
	4. Dinero digital	57
	5. Sistema financiero actual	61
	6. Deuda	68
IV.	MUNDO FINANCIERO PONZI	72
	1. Carlos Ponzi	74
	2. Esquema Ponzi	79
	3. Pirámide de riqueza	89
	4. Fallas en el sistema financiero	97
	5. Guerra digital	108
V.	¿QUÉ ES BITCOIN?	113
	1. Satoshi Nakamoto	114
	2. White paper bitcoin	116
	3. Blockchain en términos perrunos	121
	4. Halving y máximos históricos	126
	5. Bitcoin Pizza Day	132

VI.	¿LAS CRIPTOMONEDAS SON DINERO?	137
	1. Ser o no ser dinero, esa es la cuestión	138
	2. Tipos de criptomonedas	140
	3. Criptomonedas más perrunas (2015-2020)	145
	4. Los Galileos financieros	151
	5. Sueños de un Galiperro financiero	156
VII.	RESPUESTAS	161
VIII.	GLOSARIO	165
IX.	REFERENCIAS	171

INTRODUCCIÓN

Hola, humano, yo soy Coyo San, un perrito muy guapo e inteligente que te hablará sobre el sistema financiero de la especie humana. He estudiado el dinero desde mi nacimiento y, a mi corta edad de cinco años, puedo asegurarte que lo entiendo mejor que mi humana.

¡Oye! Yo me dedico a dar asesorías financieras y sé mucho del dinero.

¿Quién te sopla la respuesta cuando te hacen una pregunta difícil?

Tú, mi Sensei Coyo San. Está bien, prosigue.

Humano, acompáñame a enseñarle a mi humana a definir correctamente el dinero en un viaje al pasado, presente y futuro del sistema financiero. Como los fantasmas del Sr. Scrooge (sí, el cuento de Navidad) abrieron sus ojos para ver la realidad de su vida, yo te enseñaré la realidad del dinero.

Para comenzar, te hablaré de Galileo Galilei, quien siempre tuvo la mente abierta para descubrir que el sol no giraba alrededor de la Tierra, lo que contradecía la creencia empírica de un **modelo geocéntrico** y enseñaba a sus estudiantes el nuevo **modelo heliocéntrico**. De igual forma, te pido, humano, que tienes este libro en tus manos, que abras tu mente y tomes mi pata para ser parte de esta hermosa aventura de conocimiento. Empecemos por seguir el camino de las huellitas: dejé unas huellas escondidas en algunas páginas del libro, las cuales debes seguir ahora mismo.

VALOR DEL DINERO

Hola, soy Monni, y quiero ser millonaria.

Yo soy Coyo, y no comprendía esa necesidad humana de tener dinero, por eso decidí investigar todo sobre el dinero, y en este libro te ladraré al oído todo lo que he descubierto sobre el sistema financiero humano. Antes que nada, iniciemos respondiendo una simple pregunta:

Humano, para ti, ¿qué es el dinero? Sí, escribe aquí lo que piensas sobre el dinero.

_____

_____

_____

_____

_____

Antes de comenzar sigue las huellitas ve a la página #132.

FINANZAS PARA LA RAZA

¿Qué es el dinero?

El dinero es algo abstracto. A diferencia de los billetes, monedas o tus tarjetas bancarias, el dinero no tiene una forma física real.

Coyo San, los billetes son dinero y puedo utilizar el dinero en mi cuenta bancaria gracias a mis tarjetas. ¿Por qué dices que no tiene forma real?

El dinero, en la actualidad, está representado por muchas cosas tangibles. Los billetes, las monedas y tu cuenta bancaria representan el **dinero líquido**. Los papeles de acciones, documentos de bonos o pagarés y el contrato bancario de un préstamo o commodities son otras formas tangibles del dinero. En cambio, las acciones, los bonos, fondos de inversión, el indicador de precio de un **commodity**, el crédito, los intereses, los rendimientos, las tasas, los impuestos, entre otras representaciones, son intangibles. Podría seguir dando ejemplos de representaciones, pero ninguna define el dinero.

En mi investigación canina llegué a una conclusión sobre el dinero: es un concepto abstracto inventado por la especie humana. **El dinero es una unidad contable, un medio de pago y un refugio de valor aceptado por una sociedad.** Desglosemos un poco el significado, lo más importante es que debe ser aceptado por una sociedad y cumplir 3 reglas:

1. El dinero es una unidad contable, ya que mide el valor monetario de bienes y servicios: el precio. Así como los centímetros miden nuestra altura; los kilos, nuestro peso, y los años, nuestra edad, el precio mide el valor de bienes y servicios. Existen bienes que representan dinero, llamados commodities, es la materia prima que cuenta con una utilidad. Algunos ejemplos son: maíz, trigo, petróleo, gas natural, oro, plata, etc.

2. El dinero es un medio de pago para intercambiarlo por bienes y servicios. En la actualidad es casi imposible obtener un bien o servicio si este no es pagado con alguna representación de dinero líquido, como los billetes. Actualmente, gracias a la tecnología, tenemos el dinero digital, es el que usamos para hacer transacciones y pagar con tarjeta.

3. El dinero es un refugio de valor, es decir, si lo guardas bien al futuro puede aumentar su valor. Guardar bien tu dinero no significa esconder tus billetes abajo del colchón o enterrarlos junto a mis huesos en el patio trasero. Cada día, el efectivo pierde valor por la inflación. La inflación es un término económico para definir el alza de precios de bienes y servicios. Es por eso que ahorrar en efectivo es tan triste como cuando vomito mi comida para comérmela de nuevo. Las inversiones representan el refugio de valor del dinero. Para que se cumpla que una inversión haya logrado ser un refugio de valor debe tener un rendimiento igual o superior a la tasa de inflación de tu país.

En resumen, el dinero debe cumplir 3 reglas aceptadas por una sociedad. Lo extraño es que, si observamos con atención, ninguna representación del dinero mencionada antes cumple las reglas. Un commodity puede ser una unidad contable y, en algunos casos, un buen refugio de valor, pero difícilmente te lo aceptarán como forma de pago en la tiendita de la esquina. El efectivo y tu cuenta bancaria son las formas de pago más aceptadas y unas unidades contables, pero, como ya lo expliqué anteriormente, por culpa de la inflación no puede ser un refugio de valor. Las inversiones son un refugio de valor que aumentan su precio a través del tiempo (bueno, por lo menos eso se espera). Contabilizar las inversiones es difícil, pues su precio puede fluctuar y difícilmente se pueden usar como forma de pago. Aun así, la sociedad humana acepta los términos como dinero, porque así fueron educados.

l) Humano, hora de preguntas.
   i. Revisa si tu definición del dinero cumple las 3 reglas.
   ii. ¿Por qué la sociedad humana acepta tantas representaciones del dinero, aunque no cumplan las 3 reglas?
   iii. ¿Cuál crees que es la mejor representación del dinero actual? ¿Por qué?

Aprendizaje social

La especie humana es la superior entre todas en la Tierra, seres a los que les tengo una gran admiración por su capacidad de conciencia y habilidades creativas; aun así, compartimos necesidades biológicas como el comer, respirar e ir a nuestro arbolito cuando se requiere. Igualmente, el aprendizaje social, como ir en manadas y seguir a un líder alfa, es una de las tantas cosas biológicas que los humanos comparten con otros mamíferos. Monni, por ejemplo, al ser la líder de mi manada, me prohíbe la comida humana, pero a veces la puedo convencer, con mis ojos de anime llorosos y mi postura de oso, para que me dé el último trozo de su comida. Eso lo aprendí de muy chiquito y nadie me dijo cómo, mi humana ni siquiera tiene que darme la instrucción, yo con solo oler el rico aroma aprendí a que con esa postura me daría algo de su comida.

El aprendizaje social es una teoría que explica cómo los humanos aprenden cosas de su entorno cuando están en contextos sociales y a través de la observación, la imitación y los estereotipos. Para entender un poco más, te contaré una pequeña historia que mi amigo, el gran sabio Rafiki, me platicó. Tal vez te identifiques más con tus primos ancestrales que conmigo.

En algún lugar y en algún tiempo, en un zoológico de científicos locos, encerraron a 3 monitos. Había un cerro con un banano, tan abundante de deliciosas y ricas bananas que se podían ver a la distancia. Uno de los monitos fue a tomar una banana y, al tomarla, los otros dos monitos recibieron un baño de agua helada. Otro monito intentó ir a tomar una banana y, al lograrlo, el castigo del baño les ocurrió, de igual manera, a los otros dos. Fue así que cuando un monito intentaba ir al cerro, los otros dos lo detenían a golpes para no recibir el mismo castigo. Los científicos decidieron cambiar a un monito por uno nuevo que no sabía nada al respecto, por lo que intentó ir al banano. Entonces, los antiguos monos lo golpearon y él aprendió a no intentarlo de nuevo. Volvieron a cambiar a otro mono y pasó exactamente lo mismo: al intentar ir al cerro, ambos (incluido el mono anteriormente cambiado) lo golpearon. Al final cambiaron al último monito original por uno nuevo. Fue sorprendente para los científicos ver que, al intentar ir por el banano, los otros dos monos lo golpearon sin haber recibido el castigo. Los tres monos aprendieron a no ir al banano sin saber por qué.

¡Qué tontos!, no sabían ni por qué se golpeaban. Esas sí son monadas.

La raza humana no está tan lejos de esos monos, con sus modas, tendencias y su filosofía del dinero tan absurda. Una de las tantas cosas que descubrí en mi investigación fue que, en el sistema financiero, los monos representan a los humanos en busca del dinero: las bananas; estas, a su vez, representan no solo el dinero, sino la meta a la riqueza y lo que he escuchado por cada coach de vida: libertad financiera. La realidad es que siguen peleando entre humanos por obtener más bananas (dinero) sin saber, en realidad, el significado de eso. En eso sí se parecen a sus primos los monos.

El humano cachorro es educado, dependiendo de su origen, nacionalidad, clase social, situación familiar, entre otros aspectos socioeconómicos y geopolíticos, a ciertas creencias. Asimismo, la definición del dinero para cada humano depende de su crianza y vivencias. El concepto del dinero es algo tan personal como la definición del amor, la felicidad y la elección de un equipo de futbol.

El genoma humano, su ADN, puede guardar información que se replica generación tras generación en miles de años. Dicha información puede ser diferente en cada humano en función de sus ancestros. Por mi lado canino, puedo contarte que mis genes me enseñaron a mostrar una cara tierna en vez de ir a cazar mi comida. Se cuenta que mis ancestros los *Canis lupus* (los lobos) fueron los primeros en descubrirlo, y fue así como los humanos se volvieron el mejor amigo del perro.

En los humanos las diferentes culturas le dan un significado diferente al dinero. Se cree que los judíos y árabes son muy ahorradores y aprecian mucho el dinero, mientras el latino le teme y prefiere "ser pobre pero honesto". Tal vez esto se deba a que el mestizo, en tiempos de la Conquista, al ver la muerte y tortura que sufrían los indígenas, aprendió que tener riqueza era sinónimo de muerte. Dichas enseñanzas se pueden pasar de forma cultural o por genética a cada humano.

Para los cristianos y sus derivados el dinero puede volverse una tentación: "Les aseguro que difícilmente un rico entrará en el Reino de los Cielos. Sí, les repito, es más fácil que un camello pase por el ojo de una aguja, que un rico entre en el Reino de los Cielos" (Mateo 19). Si no se comprende la lectura correctamente, las personas pueden crear temor hacia el dinero. Es más, la palabra *ambicioso* en "humespañol" suele significar un defecto, pero en "huminglés" o "humfrancés" es un halago.

"Humespañol" es el idioma del humano que habla español. "Huminglés" es el idioma del humano que habla inglés. "Humitaliano", del que habla italiano. "Humfrancés", del que habla francés. "Humandarín", del que habla mandarín.

¿Por qué les pones nombres tan chistosos a los idiomas, Coyo San?

Porque también sé hablar en gato: "gatospañol"; pez, "franpez"; pájaro, "pajonales", entre otros tantos idiomas interespecies.

En resumen, hay culturas que, por experiencias de guerra, descubrieron que el tener dinero les ayudaba a sobrevivir, que una joya pagaría por una vida. Otras, donde la riqueza es sinónimo de muerte o tortura. El obtener dinero de una manera criminal y salvaje dio lugar a la famosa frase "El que no transa no avanza". En culturas orientales, el deseo por el dinero hace que el dinero sea un refugio de valor. Por su parte, en las culturas latinas, el miedo al dinero hace que lo prefieran como forma de pago.

Te invito, humano, a quitarte todos los tabúes y dichos que alguna vez escuchaste en tu infancia o adolescencia del dinero; a saber que es mejor la comprensión y entendimiento de dicho concepto que solo imitar y repetir lo que el aprendizaje social te ha enseñado. A pesar de que cada humano puede definir el dinero de una manera personal, cada sujeto depende de una sociedad que acepte la misma definición. Te pondré un ejemplo:

Yo podría definir una simple hoja de un árbol como dinero. Una vez mi primo Pancho, pastor alemán, intentó usar una hoja como forma de pago en una taquería. Él observó, muy cuidadosamente, cómo todos los humanos que llegaban entregaban unos papeles (billetes) al señor taquero y él les daba alimentos. Gracias al aprendizaje social, Pancho tomó una hoja y se la ofreció al taquero como forma de pago.

Cabe aclarar que mi primo no es el más listo de la familia. Lo más sorprendente fue que el taquero la aceptó como forma de pago y, en ese momento, para él la definición de dinero era una simple hoja de un árbol. Mi primo, por suerte, pudo engañar al taquero y convencerlo de aceptar la hoja como dinero y así obtener su alimento. A pesar de que el taquero aceptara por unos momentos que la hoja era dinero, eso no quería decir que toda la sociedad lo aceptara y el taquero pudiera usar la misma hoja para ir al supermercado a comprar provisiones para su local. Esa hoja solo fue considerada dinero en el momento de la transacción.

Eso quiere decir que no cualquier cosa puede ser dinero. Ufff… Creo que no sirve de nada estar arrancando estas hojas. Lo que todavía no me queda muy claro es que si nosotros definimos el dinero por qué no puedo usar lo que yo quiera como dinero igual que tu primo.

Humana, si quisieras usar esas hojas como dinero tendrías que convencer a la sociedad de que son dinero y argumentar por qué crees que las hojas son dinero y que las acepten con las 3 reglas:

1. Unidad contable
2. Forma de pago
3. Refugio de valor

Recuerda, lo que hace que el dinero sea dinero es que una sociedad lo acepta como tal, y el sistema financiero de la humanidad representa eso en tres sílabas: di-vi-sa.

El dinero actual, el dinero que es aceptado por la sociedad humana, está basado en **divisas gubernamentales**. El correcto funcionamiento del sistema financiero global y por lo que podemos representar el dinero como dólares, euros, pesos, soles, yenes, etc., estriba en que la moneda cumple con los 3 requisitos del dinero. La moneda es una unidad contable, que representa el precio de las cosas en cada país; es un refugio de valor fuera de su país y, sobre todo, es la forma de pago que permite efectuar transacciones comerciales. Lo más importante es que cada ciudadano de cada país, desde niño, aprende que eso es el dinero; no entiende por qué, cómo funciona o cómo es que llega hasta su poder, pero, gracias al aprendizaje social, acepta que la mejor definición del dinero en la actualidad es la moneda gubernamental o divisa.

II) Humano, hora de preguntas.
    i. ¿Cuál es la moneda en tu país?
    ii. ¿Qué le da valor a la moneda de tu país?
    iii. ¿Cuál crees que es la divisa con mayor aceptación global?
    iv. ¿Qué otras divisas conoces?

Divisa

Para entender el sistema financiero del humano, investigué mucho y entendí que primero debía tener muy en claro la diferencia entre dinero, moneda y divisa. No hablo de esa moneda física, sino del concepto abstracto que representa el poder de cada país alrededor del globo, la divisa. En otras palabras, la moneda es el dinero dentro de tu país, y la divisa es el dinero fuera de tu país. Para un mexicano el peso mexicano es su moneda, y el sol peruano, una divisa; en cambio, para el peruano, el sol es su moneda y el peso, una divisa.

> La moneda gubernamental es la forma de representación del dinero con mayor aceptación en la actualidad, aun así, no significa que siempre haya sido de este modo ni que siempre será así. El dinero evoluciona con el tiempo.

Lo que te puedo adelantar, humano, es que lo que hace años representaba el dinero ahora lo representa otra cosa, y eso, en el futuro, puede cambiar. Hoy, por ejemplo, la humanidad está viviendo esa posible transición a un nuevo dinero. O, bueno, por lo menos los Galileos financieros creemos eso.

Empecemos a hablar de la divisa más fuerte (aunque no la más cara) del mundo: **el dólar**. Es la moneda gubernamental con la mayor aceptación global, a pesar de estar abajo del top 5 de las divisas más caras del mundo.

¿Cuál crees que es la moneda gubernamental más cara del mundo?

Si escribiste bitcoin, como mi humana, tranquilo, no te emociones; todavía no llegamos a ese punto del libro, y la respuesta es incorrecta, ya que estamos hablando de monedas gubernamentales.

La divisa más cara del mundo es el dinar, vale alrededor de los 3 dólares y su símbolo es KWD. El dinar es la unidad monetaria de Kuwait, un país petrolero árabe muy pequeño. A pesar de que es dinero en su país, en países del occidente no es aceptada como forma de pago. Si fueras propietario de un dinar, probablemente tendrías que ir a una casa de cambio especializada donde la cambiarías por tu divisa gubernamental. En el país donde vivo con mi humana, serían pesos mexicanos y, aun así, habría algo de complicado, porque la mayoría de casas de cambio en México solo intercambian a dólares y euros. Hasta los bancos te pedirían cambiarla por dólares para poder aceptarla como dinero. En tu país, ¿crees que sería igual? Sin duda.

Cada país cuenta con su moneda para que la gente pueda comercializar dentro de su territorio. En México es difícil que te acepten dólares como forma de pago en la mayoría de los establecimientos, pero puedes ir al banco a cambiarlos por pesos mexicanos. Sin embargo, existen lugares turísticos, como las hermosas playas de Cancún, donde suelen permitirlo en establecimientos y comercios. Si bien el dólar, en algunos lugares de mi país, puede ser tomado como forma de pago, el dinar no lo será.

III) Humano, hora de preguntas.
  i. En tu país, ¿conoces algún lugar turístico donde acepten dólares como forma de pago?
  ii. ¿Existe alguna otra divisa que acepten en tu país como forma de pago?

Comprendiendo que el dólar es la divisa con más aceptación alrededor del mundo podemos concluir que es la representación del dinero más certera en la actualidad.

No me mal entiendas, humano, tu moneda también es dinero, como los soles (PEN) en Perú, pero al momento de salir del país esos soles empiezan a perder la capacidad de ser dinero. Si te encuentras en México con soles peruanos, como refugio de valor podría considerarse dinero, en el hipotético de que la economía de Perú creciera con mayor fuerza que la inflación mexicana. Como unidad contable es complicado calcular los precios de los productos, bueno, tal vez con los smartphones y una app de tipo de cambio de divisas no tanto; aun así, es incómodo y tardado revisar cada precio. Por último, como forma de pago no lo podrás usar en establecimientos comerciales o para pagar un servicio. La moneda gubernamental PEN, los soles, deja de ser dinero una vez fuera de Perú, pues, para el resto del mundo, no es una moneda es una divisa.

La moneda de cada país es emitida por su **banco central**. Dicha institución determina la cantidad de dinero físico que debe tener el país. Los bancos centrales imprimen billetes dependiendo de la demanda del dinero, las reservas, la deuda gubernamental, la **tasa de interés**, entre otros conceptos súper aburridos sobre **política monetaria**. Si quieres saber más a detalle te recomiendo consultar el libro *Principios de Macroeconomía*, de Case Fair, para que yo no te canse con mi sabiduría perruna.

Te voy a explicar, humano, que los gobernantes de cada país, como jugando al Monopoly, deciden cuánto dinero necesitan sus ciudadanos para vivir. Lo peligroso es que, si los dados caen dobles o suman 7… Ah, no, perdón, si imprimen dinero de más causan inflación, esto es, que los precios de bienes y servicios suban. Si hay crecimiento económico es probable que exista algo de inflación, pero los humanos no se deben preocupar, pueden asustarse solo cuando los dados suman menos de 5.

¿A qué andas jugando, Coyo San?

El **PIB** (producto interno bruto) es un indicador para medir el crecimiento económico: si es negativo significa que hubo un decremento económico, una **recesión**. Cuando un país está en recesión y el banco central sigue imprimiendo billetes, eso puede causar una hiperinflación, o sea, una súper inflación, y entonces los precios aumentan en muy poco tiempo, mientras que el dinero emitido se da a base de deuda.

La deuda es una obligación moral o legal que tiene un humano de pagar una cantidad de dinero, una promesa de dinero futuro respaldado solo en la confianza humana. A mí me gusta definirlo como si el dinero fuera un verbo y lo conjugamos a tiempo futuro, ahí sería deuda.

Cuando alguien te pide prestado dinero, hacen un contrato, ya sea verbal o escrito, en el que tú confías que la persona, en algún tiempo determinado, te devolverá ese dinero. Igual los bancos cuando le otorgan un crédito a una persona, ese dinero no está en ningún lado, tal vez ni el banco central del país lo ha emitido. La deuda, el préstamo, el crédito y sus derivados son los términos más peligrosos de la representación del dinero. Se debe entender como la confianza de un compromiso de entregar algo que no existe todavía.

Imagina que tu amigo te pide prestado. ¿Qué pasa si tu amigo no te paga? Primero, lo intentas contactar y hacerlo responsable, pero igual él desaparece de tu red de contactos y te rindes al tratar de recuperar ese dinero. Solo te quedó la enseñanza de no volver a prestar de nuevo. Los bancos actúan igual, a la gente que no paga sus deudas, empiezan a contactarlos por llamadas, correos electrónicos, cartas, hasta visitas al domicilio. La verdad es que no pueden obligar a los deudores a pagar, así que solo los agregan a la lista negra para que ninguna institución financiera del país les preste dinero de nuevo. Esa lista negra se llama buró de crédito. Dependiendo de las leyes financieras de cada país, en 3, 5, o 7 años están fuera de ella y podrán volver a pedir otro crédito en algunas instituciones. En fin, lo único que le queda al banco, como a ti, es la confianza o esperanza de que algún día el deudor pague su préstamo. En términos de naciones es algo similar: el imprimir billetes a base de deuda es una promesa del país, más bien de sus gobernantes, de que el país obtendrá los recursos suficientes para pagarla. **En resumen, tu moneda gubernamental representa la confianza en tus gobernantes**.

IV) Humano, hora de preguntas. Responde del 1 al 5 (donde 1 es nada y 5 es toda) lo siguiente.
- i. ¿Cuánta confianza le tienes a tu Gobierno? ¿Por qué?
- ii. Si un país tiene una deuda superior a su PIB, ¿cuánta confianza tendrías en invertir con ellos? ¿Por qué?
- iii. Sabiendo que el dólar es la divisa más aceptada en el mundo (EUA tiene la mayor deuda mundial superando los $20 millones, lo que representa un 105% de su PIB en la actualidad —finales de 2020—), ¿cuánta confianza le tienes a su Gobierno?

El precio y el valor agregado

En mi manada tengo dos humanos que quiero mucho, los quiero como hermanos, pues estamos al mismo nivel jerárquico. Uno es un programador muy talentoso y el otro es un abogado muy prestigioso. Ambos son exitosos en sus trabajos, pero su definición de dinero es muy distinta y más cuando lo usan como forma de pago. Los bienes y servicios que ellos consumen son muy dispares y cuando comparan sus cuentas de gastos ambos creen que el otro tiró su dinero a la basura. El programador no entiende cómo alguien puede gastar 3,800 dólares en dos trajes de marca que son incómodos, pura tela; mientras, el abogado no puede comprender que una computadora cueste más de 4,000 dólares si solo es aluminio y un montón de cables. Lo dos quieren ponerse en los zapatos del otro y entender por qué realizaron dichas compras, pero ninguno siente la satisfacción del otro. Así que tuve que llegar con mi juguete roto, que según mi humana costó una fortuna (10 dólares), y demostrarles que yo era feliz con esa mitad de juguete sin importar que ellos fueran o no felices con mi juguete.

Para comprender lo que pasó vayamos a la biología humana de nuevo. Recuerda, soy un perro financiero, no un neurocirujano, así que mi explicación no es técnica. La felicidad es una emoción que las personas sienten cuando unos cables (neuronas) prenden unas partes en sus cerebros. La realidad es que, para que esos cables manden "felicidad" al cerebro, el humano debe tener estímulos de alegría y satisfacción, los cuales no siempre son los mismos en cada individuo, pues a cada uno le gustan diferentes cosas. Por ejemplo, piensa en tu comida favorita. Mmm… ¡Qué rico!, espero que no le haga daño a mi pancita. Te puedo asegurar que por lo menos a un amigo en tus redes sociales le disgusta dicho platillo. Bueno, con las cosas materiales es igual. La gente no debe tener los mismos gustos financieros que tú, y por más que pienses que es un desperdicio de dinero debes entender que el valor de las cosas no es el mismo que su precio.

La realidad es que cada persona le da un valor único a los bienes y el precio de un mismo producto puede variar por algo llamado valor agregado; los mercadólogos usan mucho este término para diferenciar su producto del de la competencia. Para mí es un marketing barato con el fin de aumentar el precio de un bien, pero a los humanos parece que les encanta que les digan por qué algo tiene mayor precio que la competencia.

Oye, pero sí es muy importante el valor agregado. Por ejemplo, una computadora como la del programador tiene mucho más procesador y puede correr programas con mayor rapidez que la simple laptop del abogado. Mientras tanto, el traje del abogado fue hecho a su medida, es marca prestigiada y le hace saber a sus clientes que es bueno en su trabajo. Pero si aun así quieres hacer la prueba, puedo comprarte croquetas baratas y me dices si están tan ricas como las Nupec.

Bueno bueno, humana, sí, a veces el valor agregado de ciertos productos es muy importante para realizar una buena compra. Mis croquetas son un buen ejemplo, en verdad esas croquetas me ayudan a tener una mejor salud y son muy ricas; no me canso de comerlas. Mi humana no sería capaz de cambiarme la dieta porque si lo hace las consecuencias las sufrirá al limpiar mi arbolito.

El valor agregado es el costo adicional para generar el producto final. Aparte de la compra de materias primas para crear un producto siempre habrá costos adicionales como renta, electricidad, salarios, entre otros, necesarios para la elaboración del producto; dichos gastos aumentan el precio del producto.

Veamos el ejemplo de mis croquetas Nupec. En México su precio por kilo puede variar de 3.25 dólares a 4.5 dólares, dependiendo del tamaño del bulto y su distribución. Si crees que mis croquetas son baratas, pues te contaré que existen croquetas a menos del dólar el kilo, pero esas me provocan malestar estomacal y su calidad es de una estrellita; entretanto, mis deliciosas Nupec tienen una calidad de 4 estrellitas. (La escala es de 5 estrellitas donde 1 es mala calidad y 5 es buena calidad). El precio por kilo no es igual en todo los establecimientos, pues depende de la distribución y costos adicionales. No es lo mismo comprar el producto en Petco, donde puedo acompañar a mi humana y pasear por la tienda, siempre bien ajustado a mi correa para que ella no se pierda. Ahí, en una ocasión una linda basett hound me dio su placa para que le marcara. Y ni hablarles de cuando mi humana me deja con los especialistas en groomie, eso sí es un baño spa. Bueno, como sea, mi humana prefiere comprar mis croquetas Nupec en línea para ahorrarse unos centavos. Aparte siempre compra el bulto más grande, pues entre más pequeño el costo aumenta por kilo. En realidad, yo no le encuentro lo divertido a eso de comprar en línea.

Pues bien, el valor agregado por el cual Petco puede subir el precio de los productos es la renta del local, los salarios de los empleados y, sobre todo, el costo de centro de limpieza por accidentes de perros que no tienen entrenamiento avanzado en aguantarse las ganas, como yo. A pesar de que mi humana podría ahorrarse una fortuna al mes comprando croquetas a 0.85 dólares el kilo, prefiere preocuparse por mi dieta y darme unas de mayor calidad. Con todo, no es tan espléndida para comprarlas en Petco, donde el costo se eleva por todo el valor agregado que ofrece a sus clientes.

Podemos asumir que el precio de los productos no solo está dado por la mercancía o materia prima del mismo; también por el valor agregado que rodea todo ese producto y, sobre todo, el valor que cada humano le da.

V) Tu familia es tu manada. Humano, hora de preguntas.
- i. ¿Qué cosas para ti son importantes y te causan felicidad, pero a los demás de tu manada no tanto? ¿Por qué son valiosas para ti?
- ii. ¿Qué cosas no son importantes ni te causan tanta felicidad, pero crees que a tu manada sí? ¿Por qué crees que es valioso para ellos?

Inversión

La inversión es el dinero que empleamos para conseguir ganancias monetarias; en otras palabras, conseguir una cantidad mayor del capital (dinero) invertido. ¿Recuerdas que el dinero es un refugio de valor? Al invertir lo único que esperas es que tu dinero tenga un mayor valor al futuro. El ahorro es la parte del dinero que no está destinada al consumo; es decir, guardar un capital para gastos posteriores. Mientras el ahorro, estrictamente, no es un refugio de valor, pues, como ya hemos mencionado, pierde valor por la inflación, la inversión sí lo es.

Alto ahí, vendedores de seguros y asesores financiero con planes de ahorros, ustedes lo que venden son inversiones, el dinero de sus clientes se mete en un portafolio donde la compañía invierte el dinero; por lo tanto, sus planes de ahorro no son ahorro real, sino una inversión de muy bajo riesgo. La realidad es que por marketing suena menos atemorizante la palabra ahorro que inversión, pues la inversión conlleva un riesgo.

Si la deuda es la conjugación futura del dinero, el ahorro es su pasado y la inversión, el gerundio. Existen muchas formas en que un humano puede invertir, veamos unos ejemplos:

1. Bienes raíces

En mi manada hay una hembra humana llamada mamá —bueno, así es como le dice Monni—. Ella cree que las inversiones más seguras son los bienes raíces: comprar casas y casas para poder vivir de sus rentas. Ella siempre está ladrándole a Monni que ya es hora de que se haga de una propiedad, pues las casas, como los terrenos, nunca pierden su valor. Eso que se lo diga a los magnates millonarios que compraron cientos de casas en EUA a un súper precio en el 2009 o a personas propietarias de departamentos en CDMX, que fueron derrumbados en septiembre 2017 por el terremoto horripilante.

Esta inversión tiene a su favor varios puntos: arrendar un inmueble te puede generar una renta fija mensual sin hacer mucho trabajo; también es un activo que, por lo regular, se aprecia al paso del tiempo y su valor aumentará en algunos años, pero por ser un activo costoso su liquidez es lenta, pues vender una casa puede tardar años, así que es importante asegurar tu propiedad para evitar pérdidas por desastres naturales o accidentales.

2. Negocio propio

Lo puedo explicar yo, Coyo San, ¿puedo?

Está bien, humana, solo porque me consta que has invertido en varios negocios. ¿Cuál de todos tus negocios fracasados pondrás de ejemplo?

Oye, no todos han fracasado, está la cafetería con mi socio… Bueno, pero la cerramos a principios del 2020 por la pandemia. Antes de eso vendía seguros de vida e inversiones en la bolsa, aunque para lo que pagaban por comisión no recompensaban el gasto de gasolina ni los anuncios pagados. También está esa vez que me metí a una red de mercadeo, pero igual las comisiones pagadas no representaban el gasto que debía realizar cada mes para comprar el producto. Creo que tienes razón, todos mis negocios han sido un fracaso.

No todos, humana, el actual negocio sobre criptomonedas y asesoría financiera no es un fracaso… todavía. Tu éxito ha sido gracias a la grandiosa idea de involucrarme y, aparte, por al fin contratar buenos contadores que te llevan correctamente tus cuentas.

Creo que el éxito se los debo más a los contadores que a ti.

Cuando inviertas en un negocio, no esperes ganancias o rentas fijas cada mes, pues el negocio es afectado por la estacionalidad, ciclos económicos y, sobre todo, eventos accidentales. Asimismo, debes tener en cuenta que no todo los ingresos del negocio serán ganancias, la ganancia o utilidad se puede ver reflejada en un estado de resultados contable. Y, como buen perro financiero, te aconsejo contratar unos excelentes contadores, como los de mi humana Contabilidad Díaz Lara con la contadora Guille González, experta en impuestos mexicanos. Los contadores del negocio llevarán el control financiero del mismo, y tú, con conocimiento básico, podrás revisar, mensualmente, bimestralmente y semestralmente, tus ganancias o pérdidas.

3. Bonos y acciones empresariales

Prestarle o invertir dinero a una empresa. Las empresas de sociedad anónima son como una manada de humanos que desarrollan una actividad o un producto que cubra alguna necesidad; buscan inversionistas para poder realizar su actividad, y tienen dos formas de hacerlo: las acciones es una en que te vuelves parte y socio de la empresa, puedes tener voz o no en la **asamblea general** y tus beneficios se entregan dependiendo de las ganancias de la empresa. La otra, son los bonos, que son un compromiso de pago que las empresas emiten para captar dinero, es un préstamo en el que se fija un monto y fecha para su reembolso.

La gran diferencia entre los dos es el riesgo; en el bono, el riesgo de no ser pagado es muy poco y el monto es fijo, mientras que las acciones tienen más riesgo, ya que, al igual que el negocio propio, la empresa puede verse afectada por factores externos y, como accionista, solo reciben sus **dividendos** de forma trimestral, semestral o anual, pero no hay monto fijo, y la acción se puede vender si ya no se quiere ser parte de la empresa, siempre intentando que el comprador pague más de lo que costó.

4. Bonos bancarios y gubernamentales

No solo las empresas pueden emitir bonos, los bancos y los Gobiernos también lo pueden hacer. Los bonos son instrumentos de deuda que emiten dichas instituciones para financiarse. En términos perrunos, es un documento que te "vende" la institución a un precio, por ejemplo, 1,000 USD para que, posteriormente, tú recibas una cantidad superior, digamos 1,092.73 USD. (Da ese resultado porque usé una tasa de interés del 3% mensual a 90 días).

El precio del bono puede variar dependiendo de la tasa de interés, periodo de cobro y cantidad de bonos emitidos. Los bonos pueden ser diarios, desde 30, 60 o 90 hasta 360 días o anuales: 5, 10, 30 años, y en algunos casos de hasta 100 años, como los bonos M del Gobierno mexicano. Los bonos gubernamentales se emiten para imprimir dinero a base de deuda y la tasa (de interés) suele ser variable. Por su parte, los bonos bancarios, normalmente, son de tasas fijas. Si la calificación de los bonos baja, la tasa de interés subirá y el precio de los bonos bajará, pues una mala **calificación** significa mayor riesgo, pero entre más riesgo exista mayores serán las recompensas siempre y cuando la deuda se pague a tiempo. Si investigas sobre los bonos de Grecia y Venezuela y su fluctuación en la tasa de interés de la ultima década, podrás comprender qué hace que un país aumente o baje de calificación.

VI) Tarea: Investigar sobre:
- Deuda de Grecia (2010-2015)
- Devaluación de moneda en Venezuela (2016-2020)

5. Bolsa de valores

Trading. ¿Has escuchado esa palabra, humano? Sí, claro, todos quieren volverse millonarios por ese método. Trading es la especulación sobre instrumentos financieros en la bolsa de valores. Los traders son los humanos que invierten su dinero en la bolsa de valores para obtener más dinero comprando y vendiendo indicadores de precios de acciones de empresas, commodities, divisas, activos virtuales, entre muchos otros. El truco para ganar dinero es comprar barato y vender caro, lo difícil es saber cuándo ocurren esos eventos.

Hay muchas aplicaciones y sitios web que te invitan a hacer trading y cursos online para aprenderlo, donde dicen que ganan 5,000 dólares diarios. Lamento informarte que la mayoría de esos sitios son falsos, más que cuando los humanos avientan una pelota invisible. (No lo hagan, humanos, para nuestra especie canina es doloroso estar buscando una pelota que no sabemos si es de verdad o no). Te pregunto, humano, si ganaras casi 2 millones de dólares al año, ¿estarías vendiendo cursos online? No lo creo.

La mejor manera para invertir en la bolsa de valores es contratar a un experto o comprar un fondo de inversión en una institución financiera regulada en tu país. Si aun así quieres aprender más y estás interesado en entrar a un curso online, puedes encontrar uno que no sea una estafa.

Los verdaderos traders tienen años estudiando y practicando el tema; están en puestos muy altos en instituciones financieras famosas y sí, claro que tienen cursos online, pero la diferencia es que no te prometen ganancias instantáneas ni jugosas, sino una carrera de aprendizaje con cuenta demo (con dinero de mentiritas).

Una escuela para aprender trading y que recomiendo para toda Iberoamérica es: Método Trading, liderada por un gran humano que admiro, Pablo Gil; y también la plataforma XTB, donde te capacitan por un año en una cuenta demo.

Con lo dicho en el último párrafo vamos al siguiente tema, que para mí es el más importante para invertir.

6. Educación

Una vez un humano me preguntó que no sabía en qué invertir, que le diera un consejo y le ladré: "En educación, para que no preguntes de nuevo". Tal vez fui algo agresivo, pero, por lo menos, no lo mordí. Mi punto es que no puedes hacer una inversión monetaria sin conocer el tema, antes de arriesgar tu dinero, debemos leer y aprender sobre el sector a invertir.

Estar leyendo este libro es un gran paso, así que te invito a seguir dando esos pasos y que no solo tengas una fuente de información. Si te interesa el tema de negocios y empresas busca libros de finanzas personales, coaches de emprendimientos, cursos online para crear tu propio negocio. Si te interesa el tema tecnológico entonces te recomiendo la escuela online más grande en Latinoamérica: Platzi, enfocada al mundo tech. Encontrarás cursos para escribir tu primer "hola mundo" en cientos de lenguajes, hacer diseños digitales y hasta crear tu propia **startup**.

Estos son algunos ejemplos de inversión, pero claro que existen más: invertir patrocinando a un talento, invertir en criptomonedas, invertir en premios para tu perro para enseñarle trucos nuevos. Lo más importante es que inviertas en lo que realmente te hace feliz. Para tener una vida plena debes tener un trabajo que disfrutes y un pasatiempo que te deje dinero, y eso no es fácil. Imagínate lo que me costó a mí, que soy un simple perrito, escribir este libro. Así que tú también puedes. Y, aunque el camino es largo e inviertes dinero, tiempo y esfuerzo, llegar a la cima y ver el éxito obtenido hace que digas valió la pena.

Por último, te contaré un cuento sobre la disciplina financiera, donde encontrarás tu premio por leer el libro hasta aquí. ¡Felicidades, humano!

Me como una golosina ahora o dos en 15 minutos. Cuando le dices eso a un cachorro humano esos 15 minutos parecen horas y más encerrado en un cuarto a solas con la deliciosa golosina. Este experimento social estudia el autocontrol humano. En varios casos los niños juegan con la golosina, pero cuando la ansiedad llega a su límite la mayoría de los niños se la comen. Sin embargo, aquellos que resistieron la tentación son recompensados con otra golosina, y obtienen dos golosinas para comer. El experimento concluye que quienes tienen más autocontrol de sus emociones pueden tener una mejor disciplina financiera, teniendo mejores finanzas personales al futuro.

Sensei, no entiendo; al final, los niños que se comieron antes la golosina también tuvieron una sensación de alegría.

Es correcto, humana, los niños que se comieron antes el dulce tuvieron una satisfacción inmediata, pero esa felicidad se pierde conforme tienen que esperar los minutos restantes de la sesión. Después, la mayoría termina llorando por no ser recompensados con el segundo dulce. Es como cuando los humanos adultos, al llegar la quincena, malgastan su dinero en una noche de diversión: tienen una sensación de satisfacción momentánea, pero tras unos días, cuando ven su cartera flaca, la sensación se convierte en tristeza. En cambio, los niños que esperaron, aunque no tuvieron la recompensa instantánea, todo el tiempo tienen un sentimiento de esperanza y, al llegar el segundo dulce, la emoción de gratitud y sentir que lograron cumplir la tarea les crea un sentimiento de felicidad mayor. Imagina a la persona que no se malgasta el dinero y lo empieza a ahorrar para un carro; sin duda siente un poco de disgusto por no poder gastar su dinero, pero luego de 6 meses de ahorro y recibir su carro obtiene un sentimiento de satisfacción mayor.

> ¿Quieren saber otra cosa? Las huellitas es el mismo experimento social. Así que si fuiste capaz de leer el libro hasta aquí sin saltar a esta huellita dorada, te felicito, porque eres disciplinado y será más fácil para ti llevar una vida financiera saludable. En cambio, si fuiste de los que se adelantó a esta página, déjame decirte que no todo está perdido. Ánimo, humano, solo te falta trabajar más en tu disciplina y autocontrol.

Felicidades, humano, por ser de los pocos con hábitos ahorrativos y disciplina financiera. Si no sabes de qué hablo, entonces lee este cuento y su explicación. Ahora puedes seguir las huellitas de nuevo, ve a la página #154.

FINANZAS PARA LA RAZA

EVOLUCIÓN DEL DINERO

Evolución humana:
Australopithecus, Homo erectus, Homo sapiens.

Evolución canina:
Tomarctus, Canis lupus, Canis familaris.

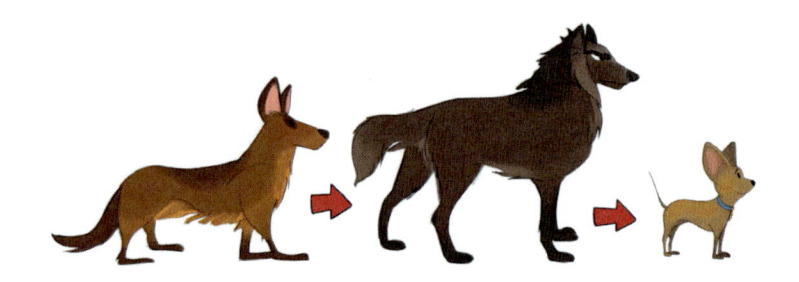

Evolución del dinero:
concha, joya, moneda de oro, billete, tarjeta, bitcoin.

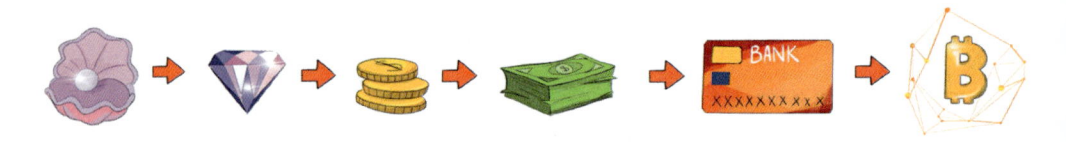

Pero si el dinero no es un ser vivo, no puede evolucionar, ni que fuera un pokémon.

A pesar de no tener genes evolutivos como los seres vivos, el significado del dinero, al transcurso del tiempo, ha cambiado para la raza humana. Lo que miles de años atrás era el dinero, ahora no lo es. Lo más importante es que el sistema financiero está viviendo en una posible transición, es decir, en el futuro cercano el dinero será representado por algo nuevo; de hecho, en algunos lugares alrededor del mundo esto ya es una realidad.

Antes de comenzar sigue las huellitas, ve a la página #132.

Trueque

La historia del dinero comienza hace más de 10,000 años. Todo empezó con el trueque. Actualmente conocido como permuta, el trueque es el intercambio de bienes y servicios por otro bien o servicio; la forma más primitiva del comercio, según Adam Smith, padre de la economía.

Regresando a la Edad de Piedra, para ser más precisos, en el periodo Neolítico, los humanos prehistóricos empezaron a ser sedentarios y la agricultura como la ganadería, de las principales actividades del humano, quien no conocía el concepto del dinero, por lo que intercambiaba lo que poseía por algo más. El trueque se basaba en el excedente de producción.

Un pequeño ejemplo: una manada de humanos prehistóricos que se apropió de un manzano empezaron a notar que si no se comían todas las manzanas estas se pudrían, y al mismo tiempo se daban cuenta de que otra manada ganadera de ovejas desperdiciaban pieles y carne, así que ambos líderes de manada intercambiaron sus excedentes y su dieta fue más rica y variable. Esos intercambios crecieron con herramientas de agricultura, vasijas, frutos, pieles, etc., y empezaron a existir los mercados, lugares a donde iban los humanos a intercambiar sus bienes.

Caminando por la línea del tiempo a la era antigua, cuando el humano aprende a escribir y empieza la historia humana, bajo la consideración de que no existía como tal el término "dinero", ciertas civilizaciones empezaron a tener mayor riqueza gracias a los metales preciosos. En el antiguo Egipto (3150 a. C. - 30 a. C.), por ejemplo, existía una unidad llamada deben, significaba 'anillo de metal' y representaba más que una unidad monetaria, una de peso; con ella medían el valor monetario o de trueque de las cosas. Los egipcios pesaban metales preciosos como plata y cobre para igualar un deben, y los llevaban a los mercados para intercambiarlos por esclavos, herramientas, ropas, etc. Por ejemplo, 10 deben de cobre equivalían a 5 piezas de ropa de lino.

En Mesopotamia, alrededor del año 2500 a. C., también utilizaban el peso de los metales como la plata y el oro para poder comercializar. En los códigos antiguos de Ur-Nammu y Hammurabi se pueden encontrar las leyes para comercializar y dar valor en peso de plata a las cosas.

Entre los años 2500 a. C. y 1800 a. C., en Mohenjo Daro y Harappa, actualmente Pakistán, una civilización de manufactura creó unos sellos fechadores, con imágenes únicas, que utilizaban como forma de pago. Casi se podría creer que fue el primer intento de moneda. Aunque el uso era para distintas tareas, poseer sellos era una forma de riqueza.

Entre 600 a. C. y 200 a. C., en China, los cuchillos de bronce eran unos de los bienes más codiciados y se usaban como forma de pago para obtener comida, ropa o algo más. También algunos caparazones de ciprés y conchas marinas eran producto de cambio.

Las últimas grandes civilizaciones en usar el trueque fueron las del continente americano. En el Imperio azteca (1325 - 1521) valoraban el cacao como un producto de cambio y las plumas de ciertas aves eran valiosas, hasta demostraban poder y jerarquía entre gobernantes.

También se comerciaban frutas exóticas, ropajes de algodón, esclavos y cerámica. A diferencia de Europa, en la Edad Media, el oro era excremento de dioses para los aztecas (no tengo pruebas, pero tampoco tengo dudas), por eso fue tan fácil para los españoles intercambiarlo por espejos u otras baratijas, haciendo que España fuera uno de los mayores productores de oro a principios de la Edad Moderna.

Actualmente, existen muy pocas sociedades y tribus que aún utilizan el trueque como principal forma de comercio, aunque en tiempos de crisis o guerra se puede retomar esta práctica en la sociedad moderna como forma de supervivencia. Algunas de estas tribus son los masáis y bosquimanos en África; guaraníes y ayoreo-totobiegosodes en América del Sur, entre otros.

Como cuando tú me das tu pelota por un premio. ¿Eso sería un trueque, Sensei?

Exacto, humana, ¡qué bueno que aprendiste algo!

¿Alguien a quien le interese cambiar esta caja de cartón por un collar de perlas?

VII) Humano, hora de preguntas.
    i. ¿Alguna vez has realizado un trueque? Si fue así…
    ii. ¿Crees que el intercambio fue justo? Cuéntame todo sobre ello.

Oro y moneda

Como ya lo mencionamos los métales preciosos empezaron a tener gran importancia en el comercio humano. En la Edad Antigua, el oro, la plata, los rubíes, cobre, esmeraldas y otras piedras brillantes eran la forma de pago entre pueblos extranjeros.

Por los años 1200 a. C. hasta el año 546 a. C., en el oeste de la península de Anatolia, el reino de Lidia crea las primeras monedas. Los pueblos vecinos creían que Lidia era fuente de una gran reserva de oro y, sobre todo, de un raro metal llamado electro (aleación natural del oro y plata). La realidad de la riqueza de Lidia fue gracias a sus grandes capacidades comerciales: inventó la moneda y, así, los primeros bancos. Por la geografía del lugar Lidia, más en concreto, Sardes, ciudad de la región, se volvió el punto de comercio entre civilizaciones antiguas y fue ahí donde se encontraron las primeras tiendas de cambio. La moneda era de electro y ostentaba un sello real de un lado y una cara de un león del otro; posteriormente, fue hecha de oro puro.

Aproximadamente, en el año 500 a. C., China también introduce el concepto moneda creando objetos de bronce en forma de jada, en el estado de Zhou, las cuales se extendieron a los estados vecinos. Este nuevo sistema de comercio es de los principales cambios que separan dos grandes periodos de la historia china: Primaveras y Otoños (771 a. C. - 479 a. C.) y Reinos Combatientes (479 a. C. - 221 a. C.). India no se queda atrás con su primera moneda de cobre también emitida por el año 500 a. C.

Este sistema fue ganando popularidad entre las naciones y Lidia, al ser conquistada por Persia, lo hereda y lo enseña en Grecia, que lo popularizó y transmitió al Imperio romano, el cual producía monedas de oro y plata para pagar a los ejércitos y ellos, a su vez, las usaban en los pueblos para adquirir bienes y servicios. Rápidamente, los romanos encontraron otro uso del sistema recaudando riquezas de sus pueblos para así poder llevar una contabilidad de dichos recaudos. Así fue como se inventaron los impuestos.

¡Impuestos! ¿Esto es un libro de finanzas o de terror?

> El impuesto es dinero que el ciudadano debe otorgar al Gobierno para que pueda realizar correctamente sus funciones. Estas funciones son: crear escuelas, hospitales, carreteras, cárceles, dar servicios de seguridad, salud, educación y, en algunos casos, construir casas de lujos a sus amigos y familiares.

El descubrimiento de América fue un gran cambio para las naciones. España se volvió de los explotadores de oro y plata más grandes del mundo. Sí, con el oro latinoamericano cambiado por espejos. Sin duda, en el siglo XVI el Imperio español junto al portugués y británico fueron los que reinaron el globo. A pesar de eso, era muy difícil mandar todas las riquezas encontradas en el Nuevo Mundo a Europa, por lo que decidieron mejor colonizar y evangelizar el mayor territorio posible adueñándose de las riquezas en el mismo lugar.

La riqueza de las naciones se basaba en cuántas monedas podían emitir, pues estas representaba la posesión en oro de cada nación. Por muchos años el oro era la mayor representación de dinero en el mundo. Hoy en día hay quienes creen que la moneda de su Gobierno está basada en reservas de oro, pero lamento informarles que no, actualmente la moneda no está basada en oro.

VIII) Humano, hora de preguntas.
    i.   ¿Por qué crees que la moneda dejó de basarse en el oro?
    ii.   ¿Recuerdas en qué está basada la moneda gubernamental?
Tip: ve a la página **#31.**

Papel moneda

Uno de mis humanos favoritos de la historia es Marco Polo (1254 - 1324), un veneciano que relató viajes inimaginables que vivió en los imperios de China y Mongolia. Sus crónicas, escuchadas por el escritor Rustichello de Pisa, hicieron la gran obra *Los viajes de Marco Polo*, que inspiraron a varios viajeros de la época. Ahí se habla de las primeras referencias del dinero volante de los chinos, que se utilizaba como forma de pago entre los comerciantes. Estas historias eran cuentos de hadas para la Europa medieval, y Marco Polo fue acusado de loco y fantasioso.

La realidad es que china, desde el siglo VII, empezó la utilización de dichos papeles. A diferencia del billete actual, eran unas láminas negras derivadas de la corteza del moral, que crearon los mercaderes, en tiempos de la dinastía Tang, como promesa de reembolso por la cantidad marcada en ellos. Para el siglo X, por la escasez del cobre, el Gobierno reguló la impresión del papel moneda apropiándose de la emisión de este. Muy similar a lo que hacen los bancos centrales en la actualidad, pues su emisión solo estaba basada en la confianza del Imperio.

En Europa fue algo diferente. A finales de la Edad Media inició la industria bancaria con la famosa familia Médici. En esta época se necesitaba un sistema que pudiera mantener seguro el dinero de las grandes familias ricas. Juan de Médici, al ver esta necesidad, ofreció los servicios de custodia y muy rápido el banco Médici se hizo famoso por toda Europa, ya que otorgaba papeles que representaban el valor resguardado en oro de una persona. El papel podía cambiar de dueño si así lo solicitaba el propietario. Es decir, si alguien tenía un papel con valor de 5 onzas de oro y quería comprar, digamos, una casa, en vez de entregar las 5 onzas, solo daba el papel al vendedor y el banco Médici certificaba la transacción. A pesar de que los papeles otorgados no eran oficialmente billetes, se podría decir que eran de los primeros intentos para representar el dinero en papel durante el siglo XV. Aun así, el sistema financiero se seguía basando en monedas de oro para la alta sociedad y monedas de plata para los pueblerinos.

El primer billete europeo oficial fue emitido en Suecia, en la Era Moderna, en el siglo XVII. Fue en 1661 cuando el Banco de Estocolmo entregaba papeles (billetes con su insignia) como comprobante de depósito. Este sistema estaba basado en la paridad con el oro. Para el siglo XVIII cada banco central de cada nación europea emitía sus propios billetes; todos, siguiendo el patrón oro, es decir, que cada billete impreso debía tener su equivalente en oro resguardado en bóvedas. El sistema se practicó hasta en el Nuevo Mundo, América.

Después de las independencias americanas (EUA, en 1776; México, Colombia, Argentina y Venezuela, en 1810; Brasil, en 1822; Canadá, en 1867, etc.) la paridad con el oro era la base del sistema financiero entre naciones. Cada país independiente podía imprimir la cantidad de billetes necesarios para satisfacer la demanda monetaria de sus pueblos siempre y cuando no pasaran de las reservas de oro custodiadas en el banco central. Pero, al igual que pasó en China con el cobre, el oro empezó a escasear y la demanda de dinero seguía aumentando.

En 1907, el pánico de los banqueros se observó porque no existía suficiente oro como papel moneda, lo que hizo que la bolsa de valores en EUA cayera por arriba del 50%. Fue por eso que en 1913 se creó el Sistema de la Reserva Federal (FED), a la que se le dio la facultad exclusiva de emitir la moneda nacional: el dólar. La FED no dejó el patrón oro, ni en 1929, cuando la Gran Depresión. A pesar de que el Gobierno norteamericano obligó a los ciudadanos a vender todo su oro al mismo Gobierno para poder emitir más dinero, no fue suficiente, la escasez del oro sobrepasaba por mucho la demanda del dinero.

Para finales de la Segunda Guerra Mundial (1939-1945) y con la necesidad urgente de dinero en varias naciones, los Gobiernos empiezan a emitir billetes a base de deuda, una promesa a futuro donde se comprometen a reembolsar el dinero en un periodo determinado. Dicha estrategia ayudó, principalmente a Estados Unidos, a recuperarse de los gastos provocados por la Guerra haciendo de dicha nación una potencia mundial y al dólar el nuevo oro, es decir, la representación monetaria más aceptada por el ser humano. A lo largo de las décadas entre los 50 y los 70, varios países también empezaron a emitir billetes de más, por lo que se gestó una pequeña falla contable con las reservas de oro de cada país. Fue en 1971 que el presidente de Estados Unidos, Richard Nixon, reconoció el problema y declaró la inconvertibilidad del dólar en oro, terminando así con acuerdos internacionales y una alta inflación. Aun así, para esas fechas, la realidad era que ya existía otro tipo de dinero, el dinero digital, y lo más sorprendente es que no había billetes de dólares suficientes para representar el dólar digital.

IX) Humano, hora de preguntas.

i. ¿Qué es un banco?
ii. ¿Qué funciones tiene la banca?
iii. ¿Cuál es tu banco y qué lo hace diferente a los demás?

Dinero digital

La banca es el sistema que capta dinero de inversionistas y lo utiliza para otorgar préstamos. Mientras más dinero reciba un banco más dinero puede prestar. A grandes rasgos, la ganancia que tienen los bancos está en la diferencia entre la tasa de interés del préstamo y la tasa de rendimiento que les ofrecen a los inversionistas. Aunque actualmente los bancos generan ingresos por otros medios, su principal función es el colocar crédito. En el próximo tema hablaremos a detalle de cómo los bancos utilizan el multiplicador del dinero para la creación de dinero a base de deuda. Lo importante es entender que el dinero que observas en tu laptop entrando al portal bancario, en tu celular entrando a tu app bancaria o en el chip de tus tarjetas bancarias (crédito y débito) es dinero digital, que no está respaldado ni por papel moneda ni, mucho menos, por oro.

Ese dinero está respaldado únicamente por la confianza a tu banco y, en algunos casos, por fondos del banco central de tu país, que se responsabilizan si tu banco sufre una **bancarrota**. Eso, siempre y cuando estén regulados y no excedan la totalidad del fondo. En el país donde vivo con mi humana, México, puedes consultar en la **CNBV** (Comisión Nacional Bancaria y de Valores) todos los bancos regulados por el Gobierno. El **IPAB** (Instituto para la Protección de Ahorro Bancario), por su lado, es el que se encarga de asegurar los depósitos bancarios en caso de una bancarrota.

Coyo San, ¿cuál es tu banco?

Mi banco es Banhueso, su lema es "Enterrando tus tesoros". Cuando yo entierro un tesoro en el patio lo escondo tan bien que luego me cuesta mucho trabajo encontrarlo.

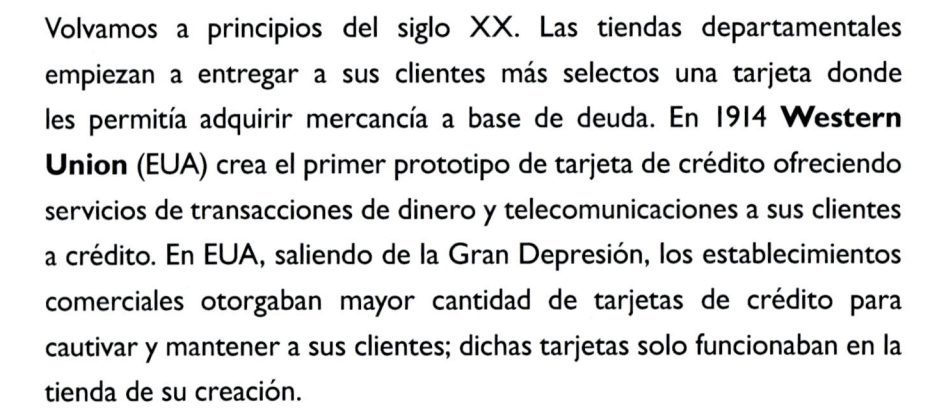

Volvamos a principios del siglo XX. Las tiendas departamentales empiezan a entregar a sus clientes más selectos una tarjeta donde les permitía adquirir mercancía a base de deuda. En 1914 **Western Union** (EUA) crea el primer prototipo de tarjeta de crédito ofreciendo servicios de transacciones de dinero y telecomunicaciones a sus clientes a crédito. En EUA, saliendo de la Gran Depresión, los establecimientos comerciales otorgaban mayor cantidad de tarjetas de crédito para cautivar y mantener a sus clientes; dichas tarjetas solo funcionaban en la tienda de su creación.

El tener tantas tarjetas de tantas tiendas se convertía en algo latoso para los usuarios, peor aún cuando eres un humano generoso que las presta a amigos y familiares. Al final del mes los humanos recibían cartas de adeudo de muchas tiendas, lo que hacía complicada la contabilidad. En 1949, el humano Frank X. McNamara, de Hamilton Credit Corporation, resolvió el problema creando la primera tarjeta de crédito aceptada en varios establecimientos, dicha tarjeta fue nombrada The Diner's Club. La tarjeta era un intermediario entre el lugar y el comprador, cobraba una comisión por transacción al usuario y una comisión de mantenimiento al establecimiento. El cierre al final de mes revelaría la deuda total del usuario a Hamilton Credit Corporation, y, para entonces, los establecimientos ya tenían su dinero en sus cuentas bancarias. Dicha tarjeta es la primera forma de tarjeta de crédito moderna. La pregunta sería cómo mantener toda la contabilidad de miles de clientes.

IBM (International Business Machines) juega una parte importante en la modernización de la banca, ya que fue de las pocas empresas que superó la Gran Depresión gracias a su apuesta por la innovación. Contratando más empleados y creando nueva tecnología fue la manera visionaria que puso a IBM como la empresa más rica del mundo hasta los principios de la década de los 80.

Para la década de los 60, IBM ya tenía cientos de máquinas colocadas alrededor del mundo financiero (Francia, Japón, Italia, Brasil, México, etc.) haciendo que las transacciones fueran más ágiles. El tener dinero en el banco se empezó a popularizar más entre la clase media y baja, ya no era un lujo de los ricos únicamente.

En junio de 1967, el humano británico John Sheperd-Barron elaboró el primer cajero automático en Inglaterra y diseñó el método Personal Identification Number (PIN, **NIP** en humespañol). Con la gente guardando su dinero en el banco, a veces se quedaban sin efectivo para realizar compras, así que los bancos daban un vale para que los usuarios pudieran acceder a una cantidad limitada de su cuenta. Los bancos no tardaron mucho en incorporar las tarjetas de débito y usar el método PIN (contraseña de 4 dígitos) para consultas y retiros limitados. Al retirar efectivo de un cajero automático estás cambiando tu dinero digital en papel moneda.

Entre 1970 y 1980 con la llegada del internet, las cosas tomaron velocidad y la banca empezó a tener control en tiempo real de transacciones financieras y automatización, o sea que las máquinas hacían la chamba humana de la contabilidad de sus sucursales. En 1983 en España, el Banco Directo brindó el servicio de banca telefónica y en 1995 Banesto y Banco Central Hispano (España) se apropiaron de la idea y también ofrecieron el servicio. En la misma fecha en EUA, Security First National Bank oferta el servicio de banca en línea, que solo servía de consulta, pero con el tiempo fueron aumentando los servicios como hacer pagos en línea y transferir dinero a otro humano.

Con la llegada de los celulares a la sociedad humana en 1999 se crea la banca SMS, en donde al usuario le llegaban notificaciones o podía hacer movimientos mandando mensajes de texto al banco. Pero eso no duró ni una década, pues empezaron a llegar los smartphones a la vida humana (2008) y, con ello, las aplicaciones móviles, que actualmente son la forma más cómoda de consultar y realizar movimientos bancarios. Así como la demanda de papel moneda superó al oro, actualmente la demanda de dinero digital ha superado por mucho al papel moneda. Pues si se intentara igualar el dinero digital, imprimiendo papel moneda, ya no habría arbolitos para ir al baño.

X) Humano, hora de preguntas.
   i. ¿Por qué hay más dinero digital que papel moneda?
   ii. ¿Qué pasaría si todos los usuarios bancarios decidieran sacar su efectivo simultáneamente?

Sistema financiero actual

En el capítulo anterior hablamos de las dos funciones de la banca. ¿Las recuerdas? Exacto, es captar inversión y colocar crédito. Esto se logra gracias al multiplicador del dinero.

¿Multiplicador del dinero? ¿Es una máquina donde si meto un billete y le pongo un número lo multiplica? Mira, si le meto un billete de 10 dólares y lo multiplico por 3, me da 101,010 dólares.

Humana, eso sería igual a 30 dólares.

No, es 3 veces 10, o sea 10 10 10 = 101,010

Se nota que reprobaste matemáticas en la primaria. Bueno, como sea, el multiplicador del dinero no es una máquina y no funciona así.

El multiplicador del dinero determina la cantidad que un banco puede prestar a sus clientes. Se calcula por medio del coeficiente de caja y la reserva de efectivo que los bancos deben tener en su bóveda. Lo fija el banco central y, dependiendo de cada país, puede variar (aproximadamente 10%). El multiplicador del dinero se calcula dividendo 1 entre el coeficiente de caja. Veamos cómo funciona con el siguiente cómic:

1. Max deposita 1,000 dólares en efectivo al banco A. Cambiando su papel moneda a dinero digital.
2. El banco A se queda con el 10%, es decir, 100 dólares en bóveda y $900 los presta a Mariana.
3. Mariana retira el dinero y deposita los $900 al banco B.
4. El banco B reserva 90 dólares para la bóveda (10%) y presta $810 a Jorge.
5. Ahora Jorge transfiere los $810 al banco C.
6. El banco C repite la misma función reservando 81 dólares (10%) y otorgando un préstamo de $729 a Alejandra.
7. Alejandra ahora tiene 729 dólares en su cuenta del banco C.

BANCO	BANCO A	BANCO B	BANCO C	BANCO C	TOTALES
CUENTA DE	MAX	MARIANA	JORGE	ALEJANDRA	4
DINERO USD	$1,000"	$900"	$810"	$729"	$3,439"

Veamos sus portales bancarios.

El total de las cuentas da 3,439 dólares, cuando en realidad solo había 1,000 dólares en efectivo. El ejemplo es muy hipotético y la realidad es mucho peor, pues hablamos de miles de dólares que el Sistema de Reserva Federal imprime a diario, haciendo que los bancos puedan multiplicarlo en millones de dólares en menos de 24 horas. Ahora comprendemos por qué el dinero digital supera por mucho al papel moneda haciendo imposible su impresión. El motivo por el cual la FED y cada banco central emite más dinero es porque la gente demanda dinero para poder pagar sus deudas.

Cada banco central debe calcular muy bien la demanda de dinero para no imprimir dinero de más y causar inflación innecesaria. En este diagrama podemos entender el ciclo del dinero en el sistema financiero.

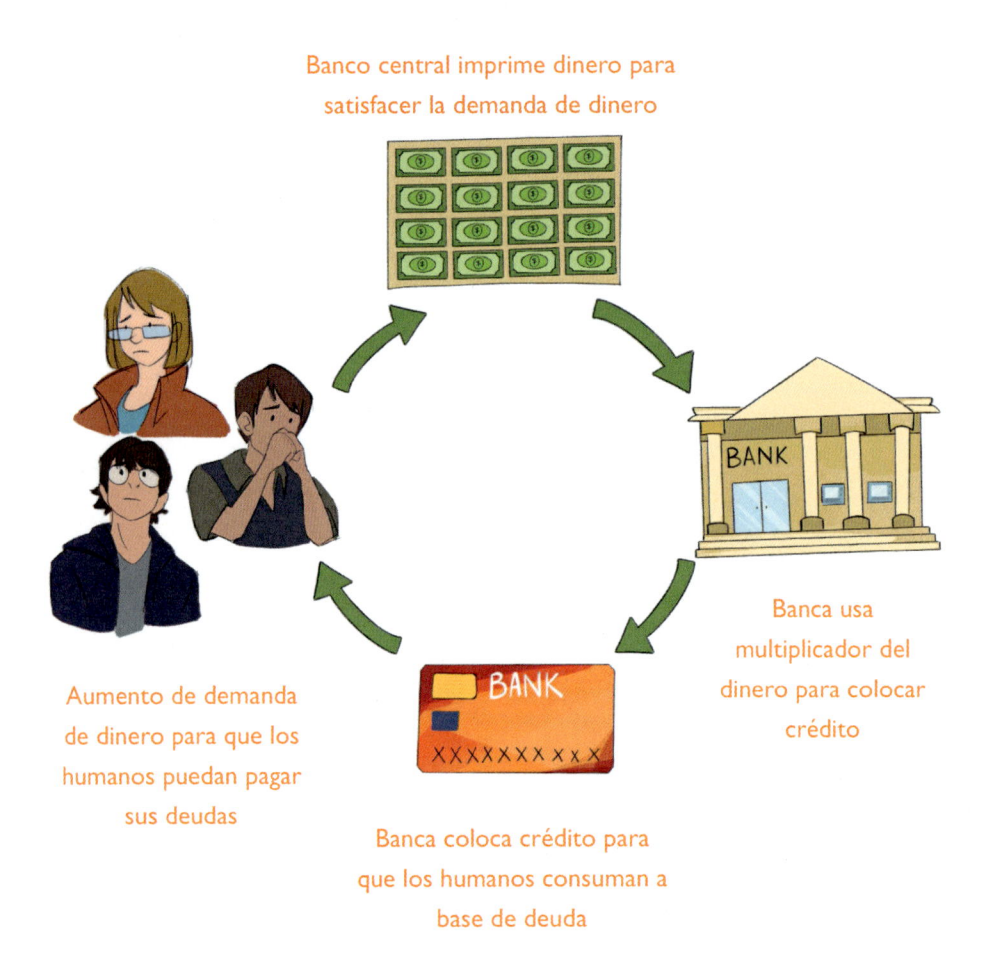

Banco central imprime dinero para satisfacer la demanda de dinero

Banca usa multiplicador del dinero para colocar crédito

Banca coloca crédito para que los humanos consuman a base de deuda

Aumento de demanda de dinero para que los humanos puedan pagar sus deudas

Casi llegas a encontrar el secreto que te volverá millonario; te falta poco, ve a la página **#117.**

Las bases de datos y la tecnología en la banca no solo llegaron para utilizar el multiplicador del dinero y así poder colocar crédito; también facilitan al humano el uso del dinero digital. Hoy los bancos tienen sistemas muy rápidos para hacer transacciones al instante entre ellos, pero no siempre fue así. Funciona muy sencillo, veamos el siguiente dibujo:

La humana Alejandra quiere mandar 200 dólares a la humana Mariana. Alejandra se mete a su aplicación móvil del banco C y le da la instrucción de mandar 200 dólares a la cuenta destino de Mariana. En este punto debe llenar un pequeño formulario del destinatario del dinero, como su cuenta bancaria, banco receptor, su nombre completo y el motivo por el que manda dicha cantidad. La mayoría de bancos cobra una comisión por transacción y aumenta si esa transacción es extranjera, aparte puede tardar hasta 7 días en reflejarse. En este caso hipotético por transacción nacional el banco cobrará el 1% del monto. La instrucción se procesa en la base de datos del banco C y la manda vía digital al banco central del país y este, a su vez, procesa la información y manda la instrucción al banco B.

BANCO	BANCO C	BANCO B
CUENTA DE	ALEJANDRA	MARIANA
ANTES	$729¨	$900¨
DESPUÉS	$527¨	$1,100¨

Observando la segunda imagen, las bases de datos de los bancos son actualizadas: Alejandra tiene 527 dólares, es decir, 202 menos, ya que el banco le cobró 2 dólares de comisión, y Mariana tiene 1,100, esto es 200 dólares de más. Desde la comodidad de su casa estas humanas acaban de hacer una transacción financiera sin necesidad de papel moneda.

En casos internacionales el banco privado emisor manda instrucción al banco central de su país para enviarla al banco central del país receptor y luego dirigir la información al banco privado receptor, que debe convertir las divisas por el tipo de cambio y reflejar el dinero en divisa nacional. Si las divisas no son dólares o euros suele ser más tardado, pues primero hay que cambiar a dólares y luego a la nueva divisa. Eso era costoso y tardado hace dos décadas. Actualmente, muchos bancos están actualizando sus bases de datos con tecnología blockchain para hacer dichas funciones. El proveedor número uno en darles esa tecnología es Ripple, pero eso lo hablaremos más adelante.

Esas bases de datos, privadas, que tienen accesos muy limitados, se someten a los mejores estándares de seguridad en informática, tanto así que solo las hackean más de 10 veces por segundo… Rehaciendo mis cálculos perrunos confirmo que no son tan seguras. Pero no hay por qué preocuparse, ya que los bancos, así como los humanos, pueden pedir crédito cuando están en problemas, ya sea por medio de bonos a inversionistas o directamente al Gobierno mediante subsidio.

Si no hay suficiente efectivo para igualar el dinero digital, ¿qué pasaría si todos quisiéramos sacar nuestro dinero al mismo tiempo?

Si la totalidad de usuarios de un banco intentaran sacar el efectivo el mismo día de sus cuentas bancarias, el banco solo podría liquidar aproximadamente el 10% del dinero, después de eso no podría dar más efectivo a las personas. Por eso, en la última década los Gobiernos han intentado bancarizar a sus pueblos, así el dinero de las personas estaría seguro en millones de bits de una base de datos de los bancos. En realidad, es una forma mejor de que el Gobierno puede rastrear los movimientos del dinero de su sociedad de manera segura. Son tan seguros y confiables como la manada humana de mi primo Rocky, a quien abandonaron en la perrera. Rocky sigue confiando en que algún día volverán por él.

Deuda

¿Recuerdan el significado de deuda? Si no, los invito a investigar en capítulos anteriores. ¿No encontraste la respuesta? No te preocupes, Monni la encontró por ti.

- La da deuda es la obligación moral o legal que tiene un humano de pagar una cantidad de dinero.

- La deuda es una manera de dinero abstracto respaldado solamente por la confianza entre humanos.

- La deuda es dinero conjugado en tiempo futuro.

- La deuda es la confianza de un compromiso de entregar algo que todavía no existe.

Lo supe porque está en la página #**30**.

En términos financieros perrunos la deuda es liquidez instantánea a base de la confianza humana a devolver la misma cantidad de dinero o más al futuro.

La deuda es algo tan antiguo como la escritura. En 1990 a. C., en el Antiguo Egipto alcanzando su máximo desarrollo económico, las leyes de préstamos no eran tan diferente: el famoso deben se utilizaba para tener acuerdos comerciales y asignar deudas que cobraban hasta con el 100% de interés, es decir, se pagaba un producto al doble de su precio original. En el Código de Hammurabi (Mesopotamia, 1760 a. C.), se encuentran las primeras leyes sobre el comercio y, sobre todo, de deuda. Dicho código explicaba el valor comercial en pesos de plata u oro de las cosas, incluidas tributos, multas y préstamos.

Actualmente, los humanos, como individuos, no son los únicos que pueden pedir préstamos, las empresas, los bancos e incluso los Gobiernos también lo pueden hacer. Si dichas instituciones quieren un préstamo a un humano común como tú, lo único que debe hacer es emitir bonos, como ya lo vimos en el tema inversión.

Si investigaste sobre Grecia y Venezuela entenderás que los bonos son otra manera de deuda, de dinero virtual, que lo generas de la nada, prometiendo que en un futuro tendrás mayor dinero para pagar dicho compromiso.

Aquí, humano, es donde mi cerebro perruno se pierde un poco. El Gobierno, al emitir bonos a base de deuda, puede imprimir el dinero, pero para pagar los intereses de esa deuda debe imprimir más dinero, el cual se debe imprimir emitiendo nuevos bonos basados en una futura deuda, teniendo que volver a imprimir mayor cantidad de dinero para volver a pagar los intereses… Ufff… podría seguir así todo el libro y no tendría fin, pues se ha creado un loop infinito como cuando me persigo la cola.

Tranquilo, humano, porque al investigar más encontré que existe el Banco Mundial (**BM**). Sí, el supremo, el banco de bancos, el Kamisama de los bancos, el Xólotl de los bancos, el banco alfa. El Banco Mundial, a diferencia de lo que la mayoría de humanos cree, no presta dinero con fines de lucro a los países, su principal función es reducir la pobreza del mundo dando consultorías, análisis económicos, estrategias en política monetaria, asesoría y, si es necesario, crédito a los países en crisis económica.

Por su parte, la Organización Mundial de Comercio (**OMC**) busca establecer alianzas entre países y vigila los tratados comerciales entre naciones ayudando a que exista mayor exportación e importación en el globo.

Otra institución importante es la Organización para la Cooperación y el Desarrollo Económicos (**OCDE**), cuyo objetivo es coordinar entre los miembros políticas económicas y sociales para el crecimiento económico. Estos tres institutos internacionales, junto con la FED, se dedican a mantener el orden económico y financiero global. Bueno, en teoría. En el siguiente capítulo hablaremos sobre cómo está repartida la riqueza del mundo. No desesperes, humano, muy pronto llegaremos a eso.

La deuda es un mecanismo que tanto humanos, empresas, bancos y países han usado para obtener liquidez financiera, que, aquí entre perros, no sabemos si será posible pagarla en algún futuro, solo prometen que sí lo harán y se da un salto de fe a que así será. Todo nuestro sistema financiero, como lo dice el dólar "In Good We Trust", traducido en humespañol "En Dios confiamos", está basado en una confianza a ciegas, un salto de fe y una esperanza de que el futuro será más próspero.

Mi humano favorito de la historia de la humanidad es Galileo Galilei, es quien me inspira para seguir enseñando a los humanos la realidad del mundo financiero. A pesar de que lo tacharon de hereje, ateo y loco, él nunca dudó de los hechos, y la Iglesia, 100 años después de su muerte, aceptó que Dios creó el mundo tal como Galileo lo veía. Así también hoy día existimos herejes financieros, que hemos decidido no confiar más en el sistema financiero gubernamental, pues simplemente hemos visto que la estructura era insostenible. Algunos de estos humanos sacrílegos crearon las criptomonedas, el nuevo dinero, el dinero del futuro.

Correcto, humana, esa historia la contaremos después. Ánimo, sigue con la lectura.

MUNDO FINANCIERO PONZI

XI) Humanos, hora de preguntas.
   i. ¿Sabes quién es Carlos Ponzi?
   ii. ¿Alguna vez te han invitado a un negocio donde recibes comisión por tener invitados?
   iii. ¿Entraste al negocio? ¿Cuánto tiempo duraste? ¿Cuánta ganancia o pérdida obtuviste?

> Esos sistemas piramidales se les conoce como redes de mercadeo, legalmente, y sistemas Ponzi, ilegalmente. Humano, en este capítulo hablaremos de las fraudulentas pirámides financieras, vamos a entender por qué no son sostenibles dichos negocios matemáticamente y por qué el 90% de las veces los usuarios terminan con mayores pérdidas que ganancias.

Una economía basada en sistemas piramidales no funciona por utilizar el método Ponzi. Ahora entiendo por qué el Imperio egipcio cayó, con tantas pirámides que construyeron.

¡Esas pirámides no, humana! El Antiguo Egipto y los esquemas Ponzi no son contemporáneos. Lo que sí puede tener similitudes con el sistema Ponzi es el sistema financiero actual, así que sigue leyendo para encontrar el porqué.

Carlos Ponzi

Carlos Ponzi es de esos humanos interesantes de la historia. A pesar de que fue un estafador, contrabandista y estuvo varios años en prisión, su éxito financiero se vio truncado por la limitación poblacional humana contra el tiempo de retorno de inversión. En el siguiente tema explicaré eso a detalle.

Nació en Italia el 3 de marzo de 1882. Con metas de riqueza y grandeza, a la edad de 21 años emigró a Boston, Estados Unidos, donde 8 años después fue arrestado por contrabando. No fue su primer crimen: en 1907 se mudó a Canadá para trabajar en un banco; después de que la institución quebrara fue acusado de falsificar un cheque y fue encerrado, por primera vez, en Montreal, Canadá.

Al salir de prisión por segunda ocasión, empezó a crear una estrategia empresarial que le daría vida a Securities Exchange Company en 1919. Este fue su golpe más fuerte y el que mayor éxito obtuvo. El gusto no le duró mucho, pues en noviembre de 1920 fue declarado culpable por fraude. Pese a sus intentos de huida en los periodos de libertad condicional, Ponzi fue liberado y deportado en 1934 a Italia. Se rumora que intentó realizar su negocio de nuevo en su país natal, pero no tuvo éxito, así que terminó trabajando para una aerolínea italiana con sede en Brasil, que utilizaba para contrabandear. Debido a la Segunda Guerra Mundial (1939-1945) la aerolínea cerró y en su última década de vida, Ponzi intentó entonces dar clases de idiomas para poder sobrevivir. Murió a sus 66 años en un hospital de caridad en Río de Janeiro el 18 de enero de 1949, de una forma solitaria.

Sensei, ¿de qué era su negocio Securities Exchange Company?, ¿drogas, mujerzuelas, armas? Me muero de la curiosidad.

Estampillas postales, mi humana. Él invertía o, bueno, decía que lo hacía, en estampillas postales. Al darse cuenta de que la gente pobre vendía dichas estampillas para obtener dinero, Ponzi invitaba a sus clientes a invertir en el mercado de las estampillas; los clientes, aparte de ganar por el valor aumentado que tenía una estampilla extranjera, podría ganar por el tipo de cambio y por comisiones de venta, ofreciendo ganancias mayores de 50% en 90 días.

Dato curioso, humano, Ponzi es de los pocos humanos en la historia que traducen su nombre dependiendo del idioma del país: Carlos en "humespañol" y Charles en "huminglés"… Tal vez porque los usaba como alias. En su idioma natal, "humitaliano", sería…

¿Cuál será?, ¿cuál será? ¡Abre el sobre ya!

Carlo Ponzi. En tu país, ¿cómo lo conocen?

Carlos Ponzi era un humano carismático y tenía facilidad de palabra, lo que los coaches financieros llaman el gen emprendedor. Gracias a ese carisma, en 1907 pudo trabajar como cajero en el Banco Zarossi, una institución italiana con sede en Montreal, Canadá. Sus primeros intentos de un negocio piramidal surgen ahí, debido a su enorme curiosidad por el mundo financiero. El banco con la tasa de interés más ambiciosa del mercado, prometiendo el 6% de rendimiento sobre los depósitos, empezó a tener un gran éxito rápidamente y así fue como Ponzi fue ascendido a gerente y empezó a notar ciertos problemas. El truco del banco para poder pagar esos intereses era pagarlos con el dinero de nuevos depósitos y mientras tenían un flujo constante de clientes nuevos podrían seguir pagándoles a los antiguos. Como ya pudiste deducir, al acabarse el mercado y no obtener nuevos clientes, el negocio quebró, dado que no pudieron pagar sus deudas. Mientras su socio Zarossi huyó del país, Ponzi se quedó en Montreal sin un centavo, a cargo de la familia Zarossi y pensando solamente en cómo falsificar un cheque, porque se le hizo fácil, humano. Fue arrestado por las autoridades de Montreal en 1910.

En 1919, como ya lo mencionamos anteriormente, creó su propia empresa: Securities Exchange Company, al encontrar una falla en el sistema. Notó el diferencial de valor entre estampillas postales dependiendo del país de origen. A pesar de intentar vender la idea de estampillas postales a varios bancos, estos se negaban a prestarle por sus antecedentes penales. Así que Ponzi se vuelve un revolucionario buscando inversionistas comunes, personas que creyeran en su negocio, y lo logró. Con su discurso famoso populista, donde argumentaba que las grandes instituciones financieras no compartían su riqueza y solo le daban miseria al inversionista pequeño, empezó a ganar empatía y confianza de la gente, pues fue el primer humano en darse cuenta de cómo el sistema bancario trabajaba a base de deudas impagables.

Una de sus frases más famosas fue: "I landed in this country with $2.50 in cash and $1 million in hopes, and those hopes never left me", en "huminglés". Traducido al "humespañol" es: "Llegué a este país con US 2.50 en efectivo y US 1,000,000 en esperanzas y esas esperanzas nunca me abandonaron".

Las personas empezaron a invertir y él, rápidamente, diseñó su esquema piramidal, pues vio que era más fácil pagarle a los inversionistas, con el nuevo dinero que le llegaba, a invertirlo en las estampillas. Fue tan famoso que, para finales de junio de 1920, estaba ingresando un millón de dólares por semana y tenía sucursales y promotores por todo el noreste del país. Desde Maine a Nueva Jersey, invertir en Securities Exchange Company era la moda. Pero el sistema tenía que colapsar. Con un análisis canino financiero simple los humanos se podrían dar cuenta de que el sistema no era sostenible. Cuando la gente dejó de invertir, Ponzi ya no tenía dinero para pagarle a sus acreedores.

Clarence W. Barron fue un periodista que acabó con la fachada de Ponzi. El 26 de julio, *The Washington Post*, el periódico más famoso y antiguo de EUA, empezó a sacar artículos contra Carlos Ponzi. Barron señaló que, para cubrir las inversiones realizadas de la empresa, tendrían que estar circulando 160 millones de estampillas postales, cuando en realidad solo había alrededor de 27,000 estampillas. La gente empezó a desconfiar y Ponzi dejó de pagar, pues sin nuevos clientes no habría dinero para pagarles a los antiguos. El 1 de noviembre del mismo año, a sus 38 años de edad, fue declarado culpable de fraude y condenado a 5 años en prisión. Recordando su carisma y su facilidad de palabra logró salir a los 3 años en libertad condicional, pero nunca dejó los malos pasos y volvía a la cárcel una y otra vez.

Ponzi llegó a ser un magnate de las finanzas, compró acciones de socio del banco que lo rechazó en 1919 (Hanover Trust), tenía una mansión y el carro más caro del momento. Incluso empezó a comprar empresas para así poder pagarle a sus acreedores, pero no fue suficiente, su deuda ya era impagable. El que alguna vez fue un magnate millonario, murió solo y pobre en una cama de hospital de caridad en 1949 en Brasil.

Esquema Ponzi

Matemáticas, humano, matemáticas. Por eso Carlos Ponzi fracasó.

¡Qué aburrido! Otra cosa, mejor, las matemáticas me dan dolor de cabeza.

Ánimo, humana, estas matemáticas son simples y voy a contar un cuento para hacerlo más divertido.

Había una vez un rey muy tirano que estaba aburrido de su gran reino, anhelaba algo nuevo e innovador. Un día un sabio caminante llegó a su reino, le prometió al rey hacer el juego de estrategia más divertido y que, al mismo tiempo, representara su reino y la importancia de cada persona en él. Ese juego era el ajedrez y el rey disfrutó mucho de este, estaba muy complacido y ordenó que se le diera una gran fortuna de oro al sabio. El sabio se negó a aceptar el pago y le pidió de favor que solo quería la cantidad de granos de arroz que podría poner en el tablero de ajedrez de la siguiente manera: en la primera casilla solo iba a poner un grano; en la segunda, el doble del anterior: 2 granos; en la tercera, el doble de la anterior: 4 granos, y así sucesivamente hasta llenar el tablero. El rey, ofendido por pedir tan poca cosa, ordenó a su consejero hacer esa tarea rápidamente, pues ya no quería volver a ver al sabio. Dentro de unos minutos después el consejero se dio cuenta de que la tarea era imposible, pues no existía la cantidad de granos en todo el reino para cumplir la tarea. El sabio le recordó al rey una de las reglas más importantes del ajedrez: no subestimar las cosas más pequeñas de la vida, como los peones, que son los únicos en el tablero en poder convertirse en reinas.

XII) Humano, hora de preguntas.
   i. ¿Cuál crees que es la similitud de lo que hacía Ponzi con la tarea que le pidió el sabio al rey?
   ii. Si el tablero de ajedrez tiene 64 casillas, ¿cuántos granos necesitaba el rey para pagarle al sabio?

Tip: Usa una hoja de cálculo para resolverlo:

En una columna pones el # de casilla (del 1 al 64).
En otra, los granos que le tocan a esa casilla.
Por último, en la tercera columna va el acumulado, sumando el acumulado anterior más los granos nuevos.

La respuesta estará en la columna 3 fila 64 de la tabla, es decir, el acumulado de la casilla 64. A mí me salió a la primera, aproveché que la hoja de cálculo hiciera todo el trabajo y superé a las matemáticas de nuevo, la respuesta es: **18,446,744,073,709,400,000 granos.** Vean qué bonita me quedó. (Salté algunas columnas de en medio para que se pudiera apreciar bien).

Hoja de Calculo de Monni

Casilla	Cantidad de Granos (Celda de arriba por 2)	Acumulado (celda de arriba mas celda a la izquierda)
1	1	1
2	2	3
3	4	7
4	8	15
5	16	31
6	32	63
7	64	127
8	128	255
9	256	511
10	512	1023
14	8192	16383
15	16384	32767
28	134217728	268435455
39	274877906944	549755813887
46	35184372088832	70368744177663
55	18014398509481900	36028797018963800
62	2305843009213680000	4611686018427360000
63	4611686018427360000	9223372036854720000
64	9223372036854720000	18446744073709400000

Humana, estás cerca, pero te faltaron granos, ahora trata de hacerlo sin ayuda de la hoja de cálculo, pues su algoritmo redondea los números de cifras muy altas. Para ayudarte recordemos unas series y funciones que viste en la secundaria.

XIII) Humano, hora de preguntas.

La suma de números consecutivos o **función constante** se calcula:

$$\sum_{i=1}^{n} x_i = \frac{n(n+1)}{2}$$

Resuelve:

i. Encuentra la suma de los números del 1 al 8 =

1+ 2+ 3 + ___ + 5 + 6 + 7 + 8 = _____

Usando la fórmula n = 8

$\frac{8(8+1)}{2} = \frac{8(9)}{2} = \frac{72}{2} =$

ii. Encuentra la suma de los números del 1 al 100 =

La suma de una **serie geométrica**, también llamada **función exponencial**, se calcula:

$$\sum_{i=0}^{k} r^i = \frac{1-r^{k+1}}{1-r}$$

Para resolver los siguientes problemas, te recomiendo utilizar la calculadora online www.wolframalpha.com, que no redondea como las hojas de cálculo. (Recuerda: La potencia se marca con el signo ^). Resuelve:

iii. $2^0+2^1+2^2+2^3+2^4+2^5+2^6=$

1 + 2 + 4 + 8 + ___ + 32 + 64 = _____

Usando la fórmula r = 2; k = 6

$$\frac{1-2^{6+1}}{1-2} = \frac{1-2^7}{-1} = 2^7 - 1 = 128 - 1 =$$

iv. 1 + 5 + 25 + 125 + ___ + 3125 = _____

Usando la fórmula r = 5; k = 5

$$\frac{1-5^{5+1}}{1-5} =$$

Dato curioso para la serie geométrica con base 11: sigue la misma ley del binomio de Newton. Si eres curioso, matemático, ve a YouTube a buscar un video sobre este y resuelve:

v. $11^0+11^1+11^2+11^3+11^4=$

¿Y para qué tantas matemáticas? Vamos a resolver el problema de los granos de arroz. Aparte, ¿qué tiene que ver todo esto con el esquema Ponzi y el sistema financiero?

Humana, no desesperes, recuerda la frase de Galileo Galilei: "Las matemáticas son el lenguaje que usó Dios para escribir el mundo". Tú, humano, sí, el que estás leyendo, sé que tal vez te costó trabajo resolver los problemas de arriba, pero no te desanimes, inténtalo una y otra vez para que puedas comprender un poco más el sistema financiero.

Para sumar todos los granitos de arroz que se necesitaba para llenar el tablero vamos a sustituir las variables:

Si el sabio le pidió el doble en cada casilla, eso nos daría una serie geométrica base... Exacto, base 2, por lo tanto **r = 2**. Ahora, recuerda que i marca tanto la posición como la potencia de la serie, y el sabio le pide que empiece con un grano en la primera casilla, por lo tanto i empieza a iterar en 0. Esto quiere decir que la primera casilla está en la posición 0; la segunda, en la posición 1; la tercera, en la 2, y así sucesivamente. La casilla número 64, ¿en cuál posición está? Es correcto en la posición número 63, por lo tanto, **k = 63**. Veamos cómo queda la fórmula para el problema y recuerda usar la calculadora www.wolframalpha.com para resolverlo:

$$\frac{1-2^{63+1}}{1-2} = \frac{1-2^{64}}{-1} = 2^{64} - 1 = \mathbf{18{,}446{,}744{,}073{,}709{,}551{,}615}$$

¿Lograste el mismo resultado? Felicidades, humano, ahora sabes que el rey necesitaría 18 trillones 446 mil 744 billones 73 mil 709 millones 551 mil 615 granos de arroz. Ahora ya comprendes la diferencia entre un crecimiento constante 1, 2, 3, 4, 5... a un crecimiento exponencial 2, 4, 8, 16, 32, etc.

En el esquema Ponzi, mientras el tiempo de su promesa de pago era una constante (fecha fija) la deuda con sus clientes crecía de forma exponencial. Imagina que el tablero representan los meses y los granos de arroz el dinero que Ponzi debería pagarle a cada uno. Las entradas de dinero tenían que ser exponenciales, es decir, por cada cliente,

Ponzi debería encontrar 2 clientes nuevos, y para pagarles a esos dos clientes nuevos debería encontrar 4 clientes más; luego 8, luego 16, 32, y así sucesivamente, aunque varios de sus clientes reinvertían sus ganancias no pudo contra las matemáticas. Por eso, en el capítulo anterior te comenté que el fracaso de Ponzi fue a causa de la limitación poblacional contra el tiempo de retorno de inversión. Veamos la gráfica de la función exponencial del esquema Ponzi, donde X es el tiempo en meses y Y, el dinero en dólares que los clientes invertían. Si cada cliente invertía $100, la curva representa la deuda de Ponzi a sus clientes en escala 1 a 100.

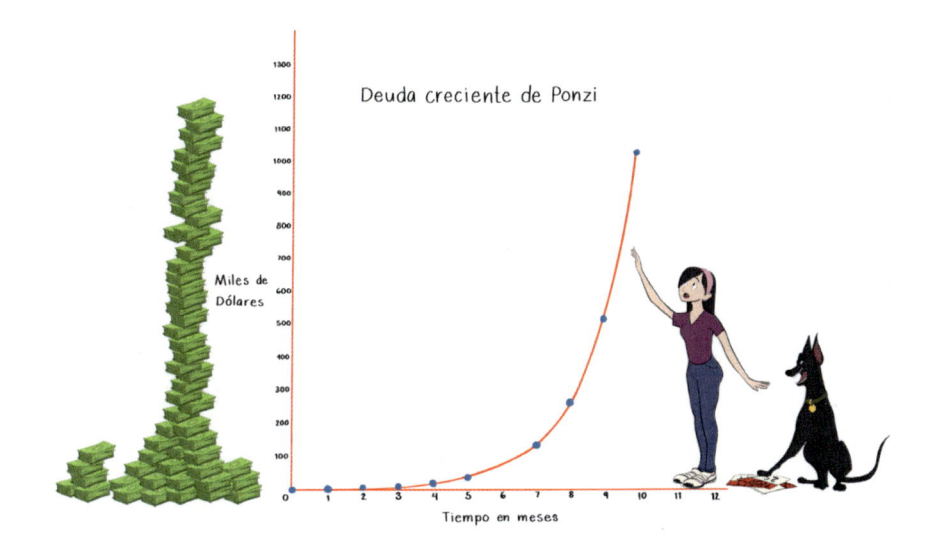

Para cuando Ponzi se dio cuenta de que ya no había más personas a quienes invitar a su sistema, porque la población era limitada y sus compromisos de deuda crecían cada vez en forma exponencial, las matemáticas noquearon su sistema y no pudo defenderse ante ellas. Por eso, humano, es bueno saber matemáticas, nunca dejes de estudiarlas.

Lo más preocupante es que en la actualidad existen muchas empresas que usan este sistema como forma de marketing, las dichosas redes de mercadeo. ¿Alguna vez tu vecina, amiga, familiar te ha invitado a estos juegos, negocios, o membresía donde con muy poca inversión puedes generar bastante dinero siendo tu propio jefe, donde lo único que debes hacer es invitar a dos personas al negocio? Pues recuerda: Esas 2 personas también deben invitar a otras 2 cada una, en total, a 4, y esas 4 deben invitar 2 cada una, en total, a 8 más... Y volvemos al tablero y los granos: al parecer es muy sencillo como el rey lo pensaba, pero ya vimos que ni con todos los granos de arroz en el reino el rey pudo completar la tarea, es decir, ni con toda la población mundial podría una pirámide tener éxito.

La banca puede caer en un sistema Ponzi si no cuida bien sus estrategias de captación monetaria contra colocación de crédito. Con ayuda del multiplicador del dinero, las instituciones financieras pueden pedir metas muy diferentes entre ambas actividades. Mientras los promotores de fondos de inversión, ventas de planes de ahorro o seguros deben obtener 5 clientes nuevos cada mes, los vendedores de tarjetas de crédito y préstamos bancarios deben colocar 30 por mes. Se supone que tienen a sus buenos financieros para medir el riesgo y ofrecer tasas de rendimientos bajas (para los inversionistas) y tasas de intereses altas (para los deudores), y así evitar una deuda exponencial, pero, aun así, creo que en tu país ya habrás escuchado de algún banco o institución financiera que se fue a la bancarrota por no responder a sus obligaciones financieras; en otras palabras, por tener una deuda impagable.

En todos los negocios piramidales los únicos que pueden obtener ganancias son los primeros en participar, es decir, los fundadores del sistema; cuando se van complicando las cosas, los más afectados serán los que se encuentren abajo de la pirámide, pues ellos ya dieron su dinero y no existirá nadie abajo de ellos para recuperarlo.

En el tablero se puede observar que no fue difícil colocar los granos de las primeras casillas, pero pasando cierta casilla se complicaba hacerlo y entre más lejana está más difícil será que le tocara, por lo menos, un granito de arroz. Es por eso que cuando con mis ojos caninos vi la distribución del dinero, no pude dejar de pensar en un esquema piramidal tipo Ponzi.

XIV) Humano, hora de preguntas. Hay aproximadamente 7,850,000,000 de humanos en el mundo en la actualidad (finales del 2020). En un ejercicio hipotético que incluye a todo el mundo y no solo a la parte económicamente activa, si alguien quisiera generar un sistema Ponzi base 3, como la mayoría de redes de mercadeo, y con una inversión de 100 dólares por persona:

    i. ¿Hasta cuál fila podría llegar?
    ii. ¿De cuánto sería la deuda a pagar?

Pirámide de riqueza

En el capítulo anterior entendimos que Ponzi necesitaba el dinero de los nuevos clientes para pagarles a los antiguos, así formaba una pirámide que nos muestra cómo los pocos de arriba son quienes obtienen el rendimiento de la gran mayoría que se encuentra abajo. Igual pasa en la economía mundial cuando las empresas en bolsa inflan el precio de sus acciones, así como con las famosas franquicias que solo venden la marca o al entrar al negocio de la venta de tóperes de tu vecina para ser tu propio jefe, quien en realidad obtiene la mayoría de las ganancias es quien inició el negocio, es decir, la pirámide.

Ahora lee con mucho cuidado la distribución del dinero en el mundo con ayuda de los dibujos al reverso de esta página. La pirámide representa la población humana en el mundo y la gráfica de pay el total del dinero en el mundo en porcentaje usado por cada sector de la pirámide. Fácilmente, podás notar cómo la rebanada más grande del pastel se la llevan los pocos de arriba, lo que es muy similar al sistema Ponzi, ¿no?

Los datos están calculados a finales del 2020 y son estimaciones caninas. Si tienen otros datos recuerden que solo soy un perrito tratando de enseñar finanzas.

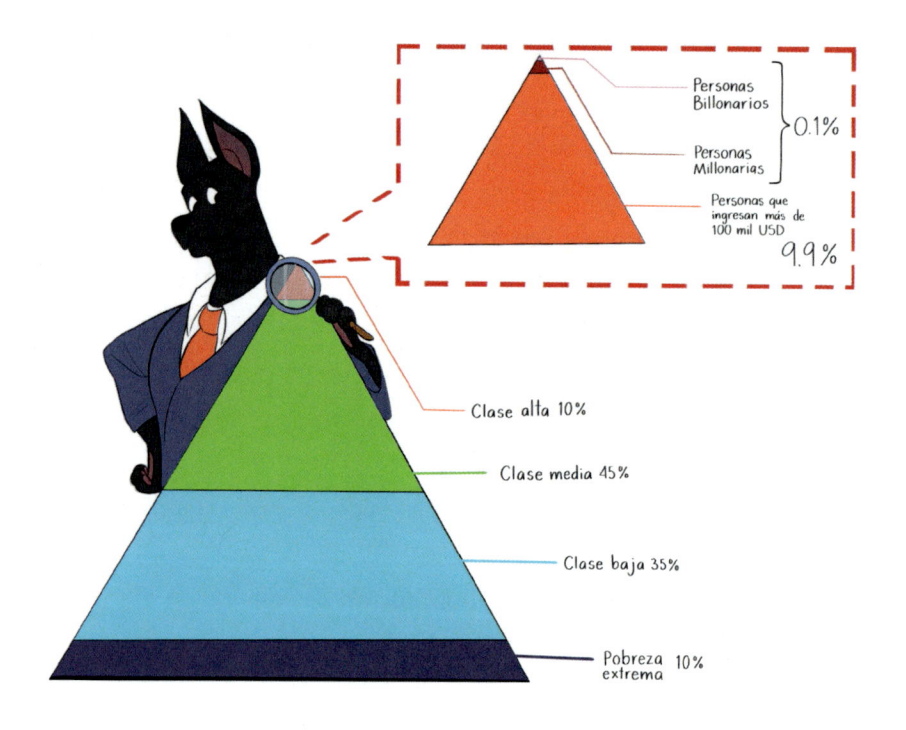

FINANZAS PARA LA RAZA

Personas Billonarios
Personas Millonarias
} 0.1%

Personas que ingresan más de 100 mil USD
9.9%

Clase alta 10%

Clase media 45%

Clase baja 35%

Pobreza extrema 10%

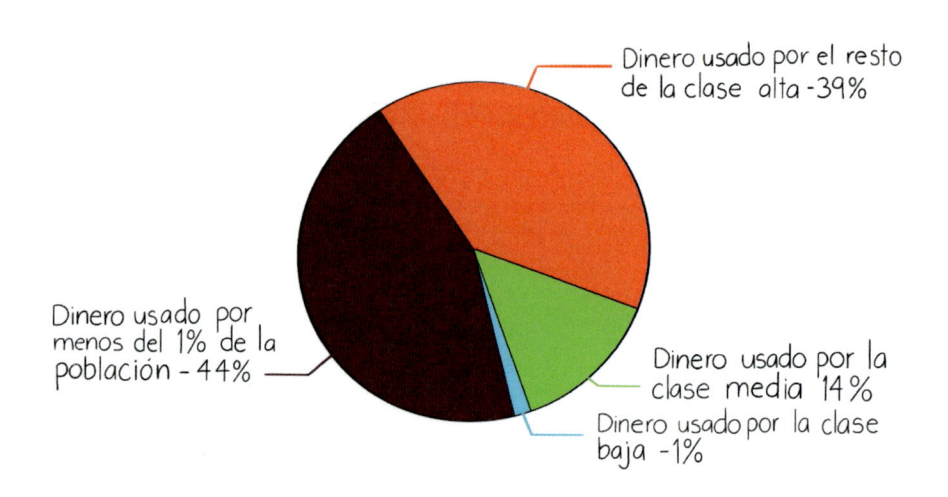

Dinero usado por el resto de la clase alta - 39%

Dinero usado por menos del 1% de la población - 44%

Dinero usado por la clase media 14%

Dinero usado por la clase baja - 1%

Mira este dibujo, humano. Si lees el libro en orden podrás entender esta Pirámide de riqueza y sabrás el secreto de las personas en el pico de la pirámide. Regresa al inicio y lee el libro en orden y al llegar a la página **#45** se te otorgará un premio y podrás seguir avanzando el camino de huellas. Si decides ir directamente a la página perderás dicho premio. Es tu elección, humano, ¿qué decides?

— 90 —

Analicemos la pirámide de la distribución del dinero (en dólares) en el mundo. La clase alta, lo marcado en rojo, rojo oscuro y el puntito rosa que se puede ver con mi súper lupa, está conformada por un poco más del 10% de la población, y si vemos en la gráfica de pay, este sector utiliza el 85% de la riqueza del mundo. El punto rosa representa menos de 2,500 personas y son los billonarios del mundo (que los puedes consultar en tiempo real en la lista de *Forbes* y ganan arriba de los mil millones de dólares). La población rojo oscuro gana más de un millón de dólares al trimestre y no representan ni el 1% de la población mundial. Los de rojo ganan entre 100 mil dólares al millón de dólares por trimestre. Sumados los tres sectores, aproximadamente, son casi 800 millones de personas que manejan 4 veces más dinero que el resto del mundo.

Ahora veamos la parte que más es afectada por la pirámide: la pobreza extrema, color azul oscuro. Representan casi el 10% de la población mundial y viven con menos de 2 dólares al día. Son, aproximadamente, 750 millones de personas y cumplen con, al menos, 3 indicadores de estos:

- Rezago educativo.
- No cuentan con servicios de salud.
- No cuentan con seguridad pública.
- No tienen vivienda.
- Dificultad para obtener vestido.
- Dificultad para obtener alimentos.

No existe manera de representar el dinero utilizado por dicho sector en la gráfica de pay, pues ni con mi súper lupa se podría ver. Es tan poco que difícilmente se puede comparar con el resto del mundo.

La clase baja, azul celeste, sobrevive con 5.5 dólares diarios, representa el 35% de la población y usa la línea más fina que se ve en la gráfica de pay, que representa menos del 1% de la riqueza mundial.

La clase media es muy compleja, es la verde, pues está desde la persona que gana 500 dólares al trimestre hasta el que genera 99,000 dólares al trimestre. Lo importante de este sector es que representa casi la mitad (45% de la población) de las personas del mundo y utilizan un poco más del 14% del dinero del mundo. Este sector es el más importante del sistema financiero pues son, como diría un gran humano, Robert Kiyosaki: "El sector de la carrera de la rata". Es el sector que busca la libertad financiera cada día.

Espero que tú, humano, sepas a qué me refiero con la carrera de la rata, si no es así te lo explicaré de una manera muy perruna: la mayoría de la gente está corriendo en círculos financieros, como un roedor corriendo en su rueda de ejercicio o yo soltando mi preciada pelota para que me la vuelvan a lanzar. En la raza humana la pelota sería el dinero, el humano debe trabajar para obtener ese dinero y así pagar deudas, dejando el dinero en manos de otros humanos, para después no tener el dinero y volver a tener que ir a buscarlo de nuevo. ¿Ves cómo sí te pareces a mí? Y yo sé que a veces es muy difícil soltar esa pelota llamada dinero, pero es necesario porque las deudas no se pagan solas. A mí me pasa que cuando tengo dos pelotas debo soltar una para morder la otra, y, en ocasiones, me vuelve loco no poder tener las dos al mismo tiempo. Cuando los humanos tienen un aumento en sus ingresos lo más probable es que sus gastos se incrementen y tengan que volver a soltar el dinero para mantener su estilo de vida superior.

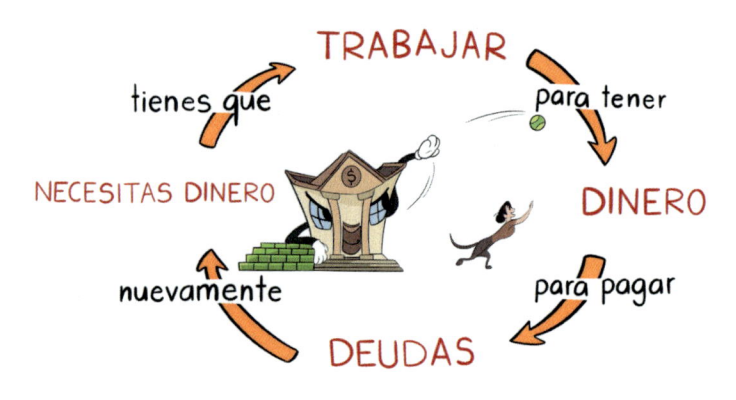

Para lograr tener libertad financiera debes ser muy bueno reteniendo la mayoría de pelotas (dinero) posible. Quienes aprenden a generar más dinero de su mismo dinero son quienes pertenecen a la parte roja de la pirámide y pueden vivir de los intereses que deja la parte verde y celeste, que sigue corriendo por su pelota, perdón, su dinero.

Mientras el 80% de la población entre la clase media y baja del mundo sigan moviendo el 15% del dinero entre ellos el sistema seguirá siendo un esquema piramidal donde los deudores pagan sus cuentas con dinero de nuevos acreedores, nuevos inversionistas haciendo que su riqueza se mantenga o crezca mientras los que terminan perdiendo más dinero son los que están atrapados en la carrera de la pelota.

Observa las similitudes del sistema de Ponzi con el sistema de deuda que utilizan los humanos día a día: deudas impagables de los bancos centrales por crear dinero de la nada y manipular el sistema aumentando precios para que la mayoría de la gente no pueda salir de la carrera de la pelota y así poder medio pagar sus obligaciones financieras.

Coyo San, ¿no crees que sería bonito que todos pudiéramos estar en la parte roja de la pirámide, es decir, todos tener exactamente la misma riqueza, y que no exista esa guerra de poder entre naciones ni individuos?

Humana, ¡cómo dices eso!, si ya hablamos del valor del dinero. Si todos los humanos tuvieran la misma riqueza, sería un mundo de blanco y negro, de vivir en casas completamente iguales, tener exactamente la misma ropa y comer todos los días lo mismo. Los humanos, biológicamente, están programados para ser diferentes, para presumir su manera única de vestir o su gustos raros de comprar juguetes que brillan todo el tiempo, como tabletas, laptops y celulares. La variedad de productos y servicios en la actualidad es tan amplia que difícilmente podrías hacer realidad tu sueño, porque, a pesar de que les des la misma riqueza a todos, la gente utilizará ese dinero de diferente manera. Te voy a contar un cuento para que dejes esas ideas locas. Este cuento está basado en una teoría económica.

En una isla dejan a 10 personas y a cada una le dan una moneda de oro. Las personas empiezan a especializarse en una actividad y empiezas una economía a base de esas monedas. La teoría concluye que, al pasar un tiempo, cada uno será experto en su área y una persona obtendrá el control de las 10 monedas de oro porque su especialidad es el liderazgo y la confianza. Lo más seguro es que se quede con 8 y deje 2 para que los demás puedan comerciar. Ella (es mujer porque es mi cuento y en mi cuento ella es mi humana alfa Monni) podrá decidir si quiere dejar algunas más para que exista más producción o quitar una y limitar a los demás a comerciar uno por uno provocando una crisis. Obvio, Monni sería una líder generosa y podría dejar hasta 4 monedas y así las necesidades de la manada estarían satisfechas con muchos bienes a intercambiar. Este sistema haría que cada humano tuviera casas diferentes y se arropara con diversas pieles y hasta comiera varias cosas, dependiendo de la riqueza de cada uno. Desde luego, quien va a tener mejores comodidades de la isla será quien obtenga el control económico de esta. En cambio, si el humano a cargo los convence de que él administrará el dinero de manera justa existiría el primer caso donde todos tendrían una moneda, pero no la podrían gastar para comerciar, pues alguien obtendría 2 y otro se quedaría sin moneda. Si el líder malo se apoderara de todas las monedas y no diera ninguna para que pudieran negociar entre ellos, tampoco existiría economía. Al final, los bienes de cada humano tendrían que ser los mismos para que no existiera nadie de poder, obligando a todos a comer igual, vestirse igual, hasta vivir en la misma cueva. La verdad, por la misma naturaleza humana, como ya lo vimos en episodios pasados, ellos empezarían un sistema similar al trueque sin importar las monedas de oro que tiene el líder. Algo muy similar a lo que ha sucedido esta década en Venezuela.

¿Venezuela? ¿Es una isla con solo 10 personas en ella?

No, humana, no es una isla y su población son millones de personas más. Si investigaste anteriormente de eso, ya sabes a qué me refiero, y si no, no te preocupes, en las siguientes páginas hablaremos del tema.

XV) Humano, hora de preguntas.
   i. ¿A qué parte de la Pirámide crees que perteneces?
   ii. ¿Eres feliz con tu ingreso actual?

Si tu respuesta fue en la clase media o baja y en la segunda respuesta fue un sí definitivo, entonces, como yo, que me fascina estar en la carrera de la pelota, no le des importancia a tu posición en la Pirámide, pues ya eres feliz. Pero si tu segunda respuesta fue no, entonces te recomiendo leer los libros de R. Kiyosaki, Padre rico, padre pobre, Guía para invertir y El negocio del siglo XXI, entre otros, y tratar de posicionarte en un lugar más alto de la Pirámide.

Fallas en el sistema financiero

Igual que en el sistema Ponzi y el tablero de ajedrez del sabio, el sistema financiero también tiene un gran error matemático, más bien, en el sistema de confianza. No, la verdad, es en la Matrix. El banco central calcula la tasa de interés, la demanda monetaria y la moneda a emitir, como ya lo mencionamos antes, cuidando satisfacer a la sociedad sin imprimir dinero de más, evitando una crisis, como en el ejemplo de la isla.. La realidad es que en el siglo XXI ya han sucedido varias crisis alrededor del mundo, nacionales e internacionales. Vamos a ver unos ejemplos de crisis económicas:

1. Estados Unidos y sus hipotecas

¿Conoces los créditos hipotecarios? Sí, esos préstamos bancarios en que debes dejar una casa en garantía, o bien, para comprar otra casa. Los créditos van de 10 a 30 años y la tasa de interés se calcula dependiendo de tus ingresos, tu estado en buró de crédito y los meses que tardes en pagarla. Claro que hay humanos, hasta en mi manada, que te dirían que es mejor pagar una hipoteca a pagar una renta, por el simple hecho de que la hipoteca te hace dueño de la casa, mientras la renta no. Pues a ellos diles que ese marketing fue lo que les falló en EUA en el periodo 2008-2009. Te recuerdo que una casa hipotecaria no es tuya, es del banco, a él le tienes que pagar la hipoteca, es decir, el banco compra la casa y la revende 1.5 más cara a plazos.

¿Quieres saber el chisme del 2008? Había unos portafolios de inversión que les ofrecían a los interesados beneficios seguros, muy seguros, la calificación tan alta comprobaba el nulo, bueno, casi nulo, riesgo. Y sí, así como en el sistema Ponzi, con su estrategia súper segura, los inversionistas empezaron a meter su dinero pues era un portafolio donde la mayoría del dinero se invertía en bienes raíces. En términos generales, el dinero de la inversión se utilizaría para que los bancos pudieran otorgar créditos hipotecarios a la gente más necesitada, eso garantizaba que el precio de compra de la casa por el banco era mucho menor al precio de venta por medio de un crédito hipotecario. Ya sé, humano trader o experto en la bolsa de valores, no funciona exactamente así y es más complicado de lo que expliqué, pero recuerda que estás leyendo un libro escrito por un perrito.

Bueno, sigamos con el chisme. Igual que en el multiplicador del dinero, entre más invertía la gente en el fondo, más préstamos podían otorgar los bancos, así que estos empezaron a dar casas por doquier y la gente de a pie estaba feliz, porque podía hipotecar su casa para comprar otra y otra... Era tan hermoso: todos con casas nuevas y muy caras. Sí, los créditos hipotecarios son caros. Esas deudas que la gente obtenía eran demasiado altas a comparación de lo que realmente podían pagar y la gente prefería perder su casa a seguir pagando. Ahora sí, amigo trader, ¿qué pasa cuando la demanda cae? Es correcto, el precio cae también. Los bancos tenían en su poder casas que antes eran muy caras, pero ahora eran extremadamente baratas. Los bancos estaban sin un quinto de dinero, aunque con muchas casas que vender. ¿Qué paso con los inversionistas? ¿Los bancos les podían pagar con las casas? "Tenga un pedazo de ventana, y a usted le toca el pedazo de suelo". "No se preocupe, usted se lleva la mejor parte, el baño con tina de hidromasaje". Otra vez, humano trader, sé que me vas a corregir diciendo que no funciona así el mercado de valores; si tú inviertes en la bolsa solo recibes o pierdes dinero al comprar instrumentos financieros. Las hipotecas Subprime eran exageradamente riesgosas y sus bonos los vendían como los bonos menos riesgosos y más confiables del mercado a millones de inversionistas; la realidad es que no había dinero, pues las casas caras no se compraban o tenían miles de facturas de hipotecas sin pagar. Los bancos no tenían dinero para pagar y cuando se dieron cuenta los inversionistas de esto, la demanda cayó haciendo que la oferta de casas aumentara más. Y ¿el precio del bono? Seguía cayendo, el portafolio tuvo una caída tipo montaña rusa Kingda Ka en Six Flags provocando la crisis más grande en la historia bancaria de Estados Unidos. Para el 2009, el gobierno más capitalista del mundo subsidió (algo muy populista) a los bancos para pagar sus obligaciones (deuda privada) y Estados Unidos quedó con la mayor deuda pública en su historia, la cual, desde entonces, ha estado en aumento.

¿Y qué pasa con el dinero perdido en la bolsa?, ¿dónde lo puedo ir a recoger?

Humano, cuando pierdes dinero en la bolsa de valores es irrecuperable, nadie se lo lleva, solo deja de existir como Spiderman en las manos de Ironman. "No me quiero ir, señor mercado". Si te hice bolas, te recomiendo la película *The Big Short*, está en Netflix donde explican a detalle lo que pasó. Si te gustó el chisme sigue leyendo, que tengo otro.

¡NO ME QUIERO IR SEÑOR MERCADO!

2. Unión Europea, euro y los países amigos tóxicos

Vámonos de paseo a Europa y su sistema financiero que desde el 1999 implementó con la nueva moneda, el euro: 11 de 15 países de la Unión Europea la adoptaron, entre ellos Portugal, Italia, España, Alemania, Irlanda, Francia, Bélgica. Dinamarca y Reino Unido decidieron, por voluntad, no adoptar la moneda y firmaron un acuerdo con el Banco Central Europeo (BCE), encargado de emitir euros. Por su parte, Grecia y Suecia se comprometieron a adoptar el euro cuando cumplieran los requisitos. Grecia, para el 2001, cumplió y Suecia sigue arreglando papeles. En el 2004, 10 países más se integraron a la Unión Europea y actualmente 7 de ellos usan el euro, los otros 3 (Hungría, Polonia y Chequia), igual que Suecia, están alineándose a las reglas de BCE para poder usar el euro. Rumania y Bulgaria se unieron en el 2007 y Croacia es el país más reciente en subirse al barco europeo (en el 2013); estos 3 países también están comprometidos a usar el euro cuando cumplan los requisitos.

¿Para qué te ladro todo este cuento de los países súper amigos europeos que se unen para crear y sustentar una nueva moneda? Es el contexto de la crisis europea más fuerte de la historia que empezó esta década. Todavía siguen peleados entre países amigos, tanto que Reino Unido, en junio 2016, decidió ya no pertenecer a la Unión Europea. A este evento se le conoce como el **Brexit**. En realidad, el trámite sigue su curso y hasta la fecha no ha podido romper el acuerdo con la Unión Europea, pero la pregunta es ¿por qué se quiere salir?

Pues por los PIGS. Sí, países cerdos y tóxicos, como el ex de mi humana, que no supieron manejar bien el euro y a causa de su doble contabilidad tuvieron el mayor déficit de la actual década. ¿Quiénes son esos PIGS?: Portugal, Italia, Grecia y en "huminglés" Spain (España).

¿Qué pasó? Te ladro el chisme. Cada país cometió distintos errores en sus políticas monetarias y generaron una deuda al BCE que se volvió impagable, pues exigían más euros a base de deuda para atender la demanda monetaria de cada país, pero, igual que en EUA, sus bonos estaban llenos de deudas. La entrada de nuevos miembros a la zona euro y su mal manejo de la economía provocaron que su deuda superara su PIB, en términos perrunos debían más de lo que ingresaban. Italia, para el 2012, tenía una deuda del 134% de su PIB. España y Portugal tuvieron la tasa de desempleo más alta del 2010 al 2015. Grecia, desde el 2009, cayó en la peor recesión de su historia y hasta la actualidad no ha podido salir. Todos estos países intentan emitir bonos para deslindarse de sus obligaciones, es decir, emitir bonos para que nuevos inversionistas los compren y así pagar sus antiguas deudas. Otra vez te suena familiar, ¿verdad? Otro Ponzi.

Gracias a estos países, el BCE empezó a tener problemas y no le quedó de otra que imprimir más dinero inflando los precios de los productos. Obvio, los más afectados fueron los mismos PIGS, pues al no tener la sustentabilidad para pagar, no podían abastecer la demanda de dinero de su población, lo único que les quedaba era la venta de bonos de deuda para pagar deudas anteriores.

XVI) Humano, hora de preguntas.
  i. ¿Sabías que la mayoría de la banca privada mundial invierte en instrumentos internacionales?
  ii. Al ser las divisas con mayor aceptación en el globo, ¿crees que esto afectó a otros países?
  iii. ¿Cómo crees que le afectaron a tu país ambas crisis?

3. Venezuela, una economía cerrada

Para continuar regresemos a nuestra querida Latinoamérica, a Venezuela, para ser precisos. No me gusta mucho hablar de política, porque solo soy un perrito que no ganaría ninguna elección y ni siquiera tengo permitido votar, pero, en este caso, no puedo ignorar el movimiento izquierdista que sucede no solo en Venezuela, sino en mucho de Latinoamérica. Vamos, humano, desde la Guerra Fría hasta los perritos nos dimos cuenta de que una economía cerrada se pudre desde adentro. Pero si no te sabes la historia te la platico rápido para regresar a Venezuela.

La Guerra Fría fue un enfrentamiento no violento entre Estados Unidos (don capitalista) contra la Unión Soviética (URSS) (don socialista). Los dos compitieron en la parte de ciencia, estrategias militares, deportes y artes para ver qué sistema económico era el mejor. Todo terminó cuando en 1991 unos grupos de oposición internos lograron derrocar a Gorbachov, secretario general del Comité que lideraba la URSS. A lo que quiero llegar con este ejemplo es que Estados Unidos no tuvo que hacer nada para ganar el duelo. La misma URSS se destruyó a sí misma porque, simplemente, un sistema socialista para la raza humana que, por biología, es tan competitiva, no funciona.

Regresando a Venezuela, con la entrada de Hugo Chávez al poder, empezó un movimiento socialista fuerte, que invitaba a la gente a no consumir producto extranjero y criticaba el capitalismo. Como ya vimos en la Pirámide de la riqueza, son muy pocos los que realmente tienen un poder adquisitivo alto; esto, según Chávez y su sucesor Maduro, es provocado por un sistema capitalista. Él decía y creía que todos los humanos en su país deberían tener la misma riqueza y el deber de un gobernante era administrar dicha riqueza para que fuera justa. Chávez empezó a expropiar toda empresa extranjera posible y comenzó a mal gastar dinero público del 2007 al 2010 para poder nacionalizar y expropiar el mayor número de negocios, entre ellos petroleras, minerías, joyerías, etc. En el 2009 expropia la banca privada comprando el Banco de Venezuela, filial de Santander España. Para el 2010, hace lo mismo con los supermercados, así que logra el control de compras de cada ciudadano. Actualmente, los venezolanos usan huella digital en el súper para comprobar que no compran más de lo que tienen permitido por ley. Para 2011, Chávez ya tenía el control de casi todos los sectores económicos del país, pero esos gastos tan fuertes que usó para pagarles a los extranjeros sus empresas era dinero que le quitaba al pueblo para vivir. Lo peor era que no tenía expertos de área para poder manejar todas esas empresas, pues los especialistas que las manejaban eran los mismos extranjeros a los que les pagó.

En el 2013 fallece y en su lugar, como humano alfa del país, queda Nicolás Maduro, sí, ese personaje dictatorial y que escucha consejos de pajaritos para manejar el país, ese mero. Maduro implementó lo que les comentaba de usar huella digital en supermercados, pero, al ver la falta de dinero de su pueblo, decidió emitir dinero, porque se le hizo fácil, humano, como a Ponzi cuando falsificó el cheque. ¿Recuerdas qué pasa si imprimes dinero en tiempos de recesión y no hay inversionistas que compren tus bonos? Exacto, inflación, y después horrible y temible hiperinflación que hace que los precios suban. Pero Maduro no pensó en otra cosa que volver a emitir bonos e imprimir más dinero. El perro persiguiendo su cola, ¿te acuerdas? En fin, otro esquema Ponzi, donde la poca reserva económica que tenía el país la malgastaron nacionalizando empresas que no sabían manejar. Lo más gracioso era que no había inversionistas que desearan comprar bonos venezolanos, pues quién en su sano juicio compraría un bono de Venezuela sabiendo que no podrá hacer negocios por miedo a que le expropien su empresa extranjera.

> Ese error lo cometieron los gobernantes mexicanos en los noventa intentando nacionalizar la banca, y cuando se dieron cuenta de que necesitaban aprender muchas matemáticas para poder llevar bien las cuentas, decidieron que era mejor volverla a privatizar. Ese error le costó 3 ceros al peso mexicano e hizo desaparecer millones de pesos en la bolsa de valores de un día al otro. Yo creo que por eso los mexicanos se quedaron con un muy mal sabor de boca sobre inversiones en bolsa.

Recuerda esto, humano: Un político es bueno solo para una cosa: endulzar sus oídos con las palabras que quieren oír. La responsabilidad correcta de un político es poner gente altamente calificada en los puestos estratégicos para que el país prospere. Eso, difícilmente, lo encontrarás en un sistema socialista, donde la gente no tiene incentivos para emprender. Para qué esforzarse si, al fin y al cabo, me va a tocar la misma parte que a los demás.

A diferencia de los otros ejemplos, Venezuela no afecta a la economía global, pues su moneda, el bolívar, no es como el dólar o el euro, que puedes usarlas en varios países. Es lo más triste para los países latinoamericanos que tienen gobernantes con ideas de economías cerradas, porque se ahogan en sí mismas y como su moneda no representa ningún valor global es muy difícil salir del hoyo que escarbaron solos.

4. Pandemia 2020

En la última década tanto en EUA como en Europa han intentado reajustar sus tasas para salir de la crisis, pero, por más intentos, siempre vuelven a entrar en otra recesión. No es cuento nuevo que la banca gringa vende bonos basura respaldados en créditos que otorgan a personas que no tienen la capacidad económica para pagarlos; este sistema no solo lo maneja EUA, también países como México, Brasil, España, entre otros muchos, ya que tienen bancos que ofrecen créditos con tasas arriba del 50%; eso quiere decir que al usar tus tarjetas de crédito pagas 1.5 veces más el valor de las cosas. Es por eso que cuando llegan las cuentas la mayoría no tiene la suficiente liquidez para pagar y... ¿Recuerdas qué pasa cuando alguien no paga su deuda? Nada, los deudores solo quedan en la lista negra por 5 años, pero ese dinero no es recuperable, dejando a los bancos privados con deudas a sus inversionistas, que luego piden subsidios a los Gobiernos para pagar sus deudas y esa deuda privada se vuelve pública. Así de fácil. Lo que antes debía una institución financiera ahora todos los ciudadanos de un país lo deben, ¿y el Gobierno de dónde obtiene el dinero para pagar esas deudas? Impuestos, venta de bonos, reservas, que sus gobernantes hagan el ridículo en redes y generar ganancias del video viral. Bueno, eso último sí lo hacen, pero no estoy seguro que lo moneticen.

Al día de hoy, escribiendo este libro, mi manada humana está en cuarentena como el resto del mundo. A principios del año 2020, en China, se detectó un virus que rápidamente se esparció por todo el mundo. El coronavirus de tipo 2 causante del Síndrome Respiratorio Agudo Severo (SARS-CoV-2), para la raza, COVID-19, que, a pesar de que no es mortal, es muy fácil de contagiar y, para personas de riesgo, con afecciones asociadas, bajan las probabilidades de supervivencia. Para mi suerte, soy un perrito y mis genes me protegen de dicho virus, o bueno, hasta el momento es lo que dicen. ¿Y qué tiene que ver el virus con el sistema financiero?: mucho, la economía y el sistema entero se basan en mercados, en vender y comprar bienes y servicios, en el comercio. Si todos están en casa no hay comercio. Las personas no salen a trabajar y las empresas dejan de producir, haciendo que bajen tanto la demanda como la oferta. Extraño, ¿no? Bueno, la realidad depende mucho de qué bienes y servicios se ofrecen; por ejemplo, los mercados digitales están teniendo un gran éxito. Amazon y Netflix incrementaron sus ventas a números históricos en el segundo trimestre, mientras la bolsa de EUA tuvo una de sus peores caídas en el primer trimestre.

Hasta para un perrito financiero es algo difícil entender qué pasa con el sistema financiero cuando, en el mundo entero, las personas se quedan sin trabajo y otras cuantas con sueldos reajustados, ya que son mínimos los sectores esenciales que siguen generando algo de dinero como sector salud, supermercados, y varios funcionarios públicos deben seguir trabajando. El sector digital, como pocas empresas tradicionales, tiene la gran fortuna de poder decirles a sus empleados que hagan home office (trabajo desde casa) evitando despidos masivos. El sector educación, por su parte, en varias partes del mundo está implementando la educación en línea.

Mientras la demanda monetaria aumenta, la economía está parada, estancada; la gente no está produciendo, por lo tanto, no generan dinero, lo que conlleva que colapse la economía. La gran idea de los Gobiernos para pasar esta crisis es... Sí, exacto, imprimir más dinero. Sin pandemia y con una economía productiva, la constante emisión de dinero ya afectaba directamente a la población; en el año 2020, con pandemia y una economía con una producción decadente, la crisis se vuelve más notoria. La FED, para el primer trimestre, inyectó más de un billón y medio de dólares a la bolsa y así asumió pérdidas. Incluso el Gobierno de EUA dio un apoyo nacional de hasta 3,000 dólares a los contribuyentes que estaban al corriente.

En Europa, Francia suspendió el pago de impuestos, como de servicios públicos (agua y luz). Italia también suspendió impuestos, pago de hipotecas y generó un decreto por ley para que ninguna persona fuera despedida facilitando créditos empresariales. Alemania inyectó 48,000 millones de euros a la economía y €20,000 más para el sector salud. Reino Unido ofreció más de 300 mil libras en préstamos garantizados por el Gobierno y retrasó el pago de alquiler por hasta 3 meses.

Cada país ha implementado medidas de rescate con políticas monetarias en las que el primer paso es emitir más dinero, dinero a base de deuda, en momentos donde no se están produciendo servicios y bienes para posteriormente pagar esa deuda. Creo que no hace falta que les explique que esto es algo muy absurdo. El sistema actual está colapsando como el verdadero esquema Ponzi que es. La demanda de dinero está creciendo de manera exponencial cada día mientras la población y el tiempo de retorno sigue siendo lineal. Igual que el esquema Ponzi, llegarán las matemáticas a golpear el sistema, la pregunta es cuándo. Si alguien tiene la respuesta me la podría decir.

El dinero fiduciario emitido por los bancos centrales pareciera estar aumentando el dinero de los bienes y servicios por inflación, pero al momento de no tener suficiente oferta de servicios, se puede predecir una deflación (sí, lo contrario, baja de precios).

Guerra digital

¿Te acuerdas, humano, lo costoso que es mantener las bases de datos de los bancos, con una seguridad no tan buena, pues existen más de 10 ataques cibernéticos cada segundo a dichas bases de datos? Por esas fallas son las comisiones tan altas y absurdas; de ahí que, en una cuenta de ahorro, puedes llegar a tener saldo negativo. Los Gobiernos han subsidiado ese sistema con dinero a base de una deuda impagable e imprimiendo dinero, por lo que aumenta el costo de los bienes y servicios. Los humanos ven con más desagrado día a día el sistema. Lo peor son los actuales gobernantes, humanos alfas que cada vez encuentran excusas más patéticas para defenderlo dando tantas vueltas a términos muy técnicos, por lo que se vuelve más complicado y difícil entenderlo, tal como encontrar mi juguete escondido que enterré en el jardín la semana pasada. Alguien se dio cuenta de esto e incluso observó que las **plataformas P2P** estaban teniendo ataques fuertes por los empresarios envidiosos que no dejaban que se compartieran juguetes humanos entre los usuarios.

Juguetes como las canciones. Antes de YouTube Music y Spotify, para tener música en tu computador tenías que hacer algo contra la ley: descargarlas desde plataformas en línea de persona a persona. Es algo así como si yo te prestara mi juguete para que hicieras un clon de él y, listo, tú no compraste ningún juguete solo hiciste una copia. Bueno, eso es ilegal, según algunos humanos. Las disqueras intentaron acabar con esto demandando, pero era una red descentralizada tan grande que tendrían que detener a todos los adolescentes y niños de los 90 que usaban los programas. Mi humana hubiera ido a la cárcel desde sus 10 años de edad. Después de eso empezaron las películas y series de televisión. Sí, antes de Netflix y Amazon Prime, podías descargar películas en línea, gratis. Este método para poder compartir tus archivos con otros usuarios en línea se llama P2P ('de persona a persona') saltando a las disqueras, los cines, las productoras, entre otros. Todos estos empresarios, al ver cómo millones de usuarios, gracias al poder del internet, podían compartir todo su material, empezaron con ataques compartiendo archivos falsos, eran puro ruido o pantallas negras, y Satoshi Nakamoto llegó con su capa azul y su leotardo negro para decir "Alto", los humanos tienen derecho de compartir sus juguetes. Bueno, no fue así, pero mi mente canina es muy creativa.

Vivimos en una guerra entre empresas tradicionales y rebeldes de la era digital. Mientras el sector tradicional gasta en abogados y protestas, los rebeldes buscan más demanda y así legalizar sus softwares (programas).

Es así que Netflix llegó para mandar a Blockbuster a la bancarrota. De igual forma, con la llegada de las cámaras digitales y smartphones, Kodak quebró. Uber cambió para siempre la manera de viajar seguro en trasporte privado. Airbnb bajó los costos para poder conocer lugares de otros mundos (bueno, de otros continentes), mermando la demanda hotelera. Amazon cambió la forma de comprar en tiendas departamentales reduciendo costos por comprar directamente al proveedor. iTunes de Apple y los iPods lograron quebrar la industria de CD de álbumes de música, pues ahora, en vez de comprar todo el disco, solo debías adquirir la canción que más te gustaba y así podías escuchar tus rolas favoritas de diferentes artistas en un solo aparato. Con esa idea, no tardó mucho en aparecer Spotify, que transformó la industria disquera para siempre, ahora nuevos talentos musicales y nuevos artistas prefieren subir su material casero a Spotify que contratar disqueras costosas. Pedir el súper, comida a domicilio, o incluso efectivo, pagando con tarjeta de débito o crédito, lo resolvió Rappi.

YouTube, ni se diga, desde ver programas de comediantes con una producción muy casera y austera, hasta manuales de cómo abrir una botella en el canal de Alan Garcés, le dio un golpe bajo a las televisoras.

Yo y mi humana amamos esos programas de comedia y, sobre todo, uno llamado *Sígueme el viaje*, por el canal de Franco Escamilla. Aparte, existen programas educativos. Si quieres aprender algo, de seguro encuentras a un experto en su área regalando todo su conocimiento al mundo, como el canal JulioProfe, donde se dan clases de matemáticas para todos los niveles; o el canal C de Ciencia, donde sabrás los descubrimientos científicos más recientes. Algo a lo que solo pocos tenían acceso con palancas y mucho dinero para comprar un espacio en la televisión, ahora era tan fácil con videos caseros. Un gran ejemplo es mi canal **Coyo San Finanzas para la Raza**, donde explicamos las finanzas de una forma muy divertida.

Dejé el mejor cambio digital para el final: **Platzi**, la escuela en línea del sector tecnológico con más estudiantes en toda Latinoamérica. Te recomiendo que visites su canal, Platzi, en YouTube, encontrarás las noticias más recientes en tecnología con Christian Van Der Henst, mi sensei en esos temas. Platzi evolucionó el sector educativo, ya que mientras algunos padres gastan miles de dólares para que su hijo vaya a la universidad por 4 años, Platzi, con sus cursos en línea, hace que aprendas lo mismo y a manera de máster en 6 meses. Lo hace tan bien que, en vez de tener una amplia gama de estudio con clases de relleno, aquí solo tienes que aprender los cursos necesarios para tu especialidad. Claro, también cuenta con una gama mucho más amplia que cualquier carrera, pero la diferencia es que tú eliges qué clases tomar, haciendo que la educación sea autodidacta. Aquí, entre raza, te gruño en secreto algo muy interesante, las empresas digitales ya no buscan títulos universitarios, buscan talento, personas autodidactas que resuelvan problemas, y es por eso que, en la industria tech, valoran más la autosuficiencia, adaptabilidad y una curva de rápido aprendizaje que 4 años de carrera en Informática.

Se puede observar, de manera obvia, en el actual año 2020, que, por motivos de cuarentena, los humanos no pueden salir de casa, y entonces:

¿quién va ganando la guerra entre lo tradicional a lo digital? Sí, como siempre, los rebeldes innovadores ganan de nuevo, porque entendieron qué es lo que quiere el consumidor, mientras que las empresas tradicionales, una por una, van cayendo; por más que griten y hagan manifestaciones y traten de tirar el mundo digital, no es posible porque la demanda, o sea, la gran mayoría de humanos solicitan y promueven dichas plataformas, donde, a pesar que, claro, que existen los millonarios que obtienen la mayor ganancia, por lo menos la riqueza se vuelve un poco más democrática que antes.

Sensei, todavía no entiendo qué tiene que ver esta guerra con el sistema financiero, no hablaste del dinero nunca, solo de cómo la vida es más cómoda gracias a la tecnología. Aparte, ¿quién es Satoshi Nakamoto? ¿Es guapo? Creo que sí porque usa capa y leotardo de superhéroe.

¡Humana! Ya te he dicho que no quiero otro macho en la manada. La última vez que acepté a uno te casaste con él y me quitó mi lugar de la cama. No desesperes, que en el próximo capítulo viene la mejor parte de todo el libro. Sí, por fin hablaremos de las **criptomonedas**.

XVII) Humano, hora de preguntas.
    i. ¿Sabes qué es el test de Turing?
    ii. ¿Crees que es importante para las nuevas generaciones aprender a programar?¿Por qué?

¿QUÉ ES BITCOIN?

Bitcoin es un sistema que permite pagos en línea enviados directamente de persona a persona sin tener que pasar por una institución financiera. Fin del libro, ya lo demás son hojas en blanco, es hora de tomar mi siesta canina.

Eso no es cierto, nadie se puede dormir en un libro, y yo recuerdo que había huellitas adelante. Coyo, de seguro está jugando.

Okey, me descubriste humana, la verdad es que para seguir leyendo el libro debes tener la mente abierta, tan abierta como saber que este libro fue escrito por mí, un perrito. Te recuerdo que en el siglo XVII a Galileo lo tacharon de hereje, de loco y de pésimo bailarín de salsa (bueno, eso último no me consta), "Sin embargo, se mueve" la Tierra alrededor del sol, y aun así el dinero que tú conoces puede evolucionar a lo que verás a continuación.

Satoshi Nakamoto

Satoshi Nakamoto es un personaje, así como yo; un genio, así como yo; con una visión financiera futurista, así como yo, y que cambiaría el sistema de pago en línea. Él escribe un código abierto creando un token llamado bitcoin y usando una nueva tecnología llamada blockchain. Y sí, humano, también es misterioso, así como yo.

Al momento de escribir este libro todavía no se sabe quién esta detrás del personaje Satoshi. Ya sé lo que están pensando: se parece demasiado a Coyo San. ¿Podría ser yo? Él se describe, a finales del 2008, como un joven de 37 años que reside en Japón, no como yo. Los expertos que tratan de buscar su identidad creen que es un grupo de personas y pudieron saber las horas que dormían por medio de rastreo digital; la verdad, solo se dieron cuenta cuando posteaba en línea y encontraron un rango de horas en que no lo hacía. Con los datos les hace pensar que vive en el occidente, pues las horas de sueño concuerdan cuando la noche está en nuestro hemisferio. Pero yo que me junto con mucha raza humana tech y sé por experiencia que los programadores disfrutan más codear por noche que por día, así que no podemos asegurar que él estuviera durmiendo de noche. ¿Algún día conoceremos su rostro? Espero que sí.

Él o ellos crean un token con el cual los usuarios serían recompensados por simplemente utilizar el sistema. Estos usuarios héroes sin nombre son los **mineros**, que dejan sus máquinas trabajando día y noche dándole poder de cómputo al sistema y lo alimentan con candados de seguridad, los cuales serían como mi galleta que me desparasita cada 3 meses. Sí, programadores, ya sé que no es así de simple como funciona el blockchain, pero eso lo veremos en otro capítulo.

Lo que sí debes saber es que el pago P2P te permite hacer transacciones entre usuarios saltándote esas comisiones bancarias y el tiempo de espera; es más, hace que tus tokens sean tan tuyos que el Gobierno no puede contabilizar cuántos tienes. No pasa por ninguna institución financiera, no le entregas la confianza ciega a nadie, ni a tu banco ni al Gobierno, es una revolución contra el sistema, y lo más hermoso es que los usuarios son quienes deciden el valor del token. Los Gobiernos ya no pueden manipular el precio o la demanda de dicho token y el sistema, con seudoanonimato, se vuelve democrático, pues nadie tiene el poder de violar la seguridad de **hash** del blockchain.

¿Recuerdas la pregunta sobre la confianza en tu país? Pues todo esto fue para llegar a que en este sistema no debes confiar en nadie, sino más bien en algo: el blockchain, la lógica computacional y los algoritmos del sistema. Pero la confianza, a diferencia de las instituciones, no es ciega, es tan abierta que solo la debes entender, y para eso estoy aquí, mi amigo humano. Vamos a desarmar todas las capas de este modelo y sistema llamado blockchain ('cadena de bloques').

Satoshi es un héroe para el mundo tecnológico, pues técnicamente, como alfa, llegó a poner las reglas del juego y por más que los bancos centrales quieren atacar el sistema es tan poderoso y cada vez más grande que no hay manera de apagar el switch.

XVIII) Humano, hora de preguntas.
   i. ¿Sabes qué es el blockchain y cómo funciona?
   ii. ¿Aparte del bitcoin, conoces algún otro uso del blockchain?

White paper bitcoin

Satoshi Nakamoto crea el sitio https://bitcoin.org/ en agosto 2008 y escribe un manifiesto donde explica su creación, el sistema y cómo puede ser utilizado, algo así como, paso a paso, en qué consiste la tecnología del bitcoin. El manifiesto se llama white paper, el cual está escrito en "huminglés" y lo puedes encontrar en el mismo sitio usando esta liga https://bitcoin.org/bitcoin.pdf. Te dejo aquí un copiar-pegar de la introducción de dicho manifiesto, traducida al "humespañol".

Introducción

El comercio en internet ha llegado exclusivamente a depender de las instituciones financieras, las cuales sirven como terceros de confianza, para el procesamiento de los pagos electrónicos. Mientras que el sistema funciona suficientemente bien para la mayoría de las transacciones, aún sufre de las debilidades inherentes del modelo basado en confianza. Las transacciones completamente no reversibles no son realmente posibles, debido a que las instituciones financieras no pueden evitar la mediación en disputas.

El costo de la mediación incrementa los costos de transacción. Con ello, se limita el tamaño mínimo práctico por transacción y se elimina la posibilidad de realizar pequeñas transacciones casuales, existiendo un costo mayor por esta pérdida y la imposibilidad de hacer pagos no reversibles por servicios no reversibles. Con la posibilidad de revertir, la necesidad de confianza se expande. Los comerciantes deben tener cuidado de sus clientes, molestándoles pidiendo más información de la que se necesitaría de otro modo.

Un cierto porcentaje de fraude se acepta como inevitable. Estos costos e incertidumbres en los pagos se pueden evitar si la persona utiliza dinero físico. Pero no existe un mecanismo para hacer pagos por un canal de comunicación sin un tercero confiable. Lo que se necesita es un sistema de pagos electrónicos que esté basado en pruebas criptográficas en vez de en confianza. Con ello se busca permitir a las dos partes interesadas realizar transacciones directamente sin la necesidad de un tercero confiable. Las transacciones que son computacionalmente poco factibles de revertir protegerían a los vendedores de fraude. Y del mismo modo los mecanismos rutinarios de depósito de garantía podrían ser fácilmente implementados para proteger a los compradores.

En este trabajo, proponemos una solución al problema del doble gasto utilizando un servidor de marcas de tiempo usuario a usuario distribuido para generar una prueba computacional del orden cronológico de las transacciones. El sistema es seguro mientras que los nodos honestos controlen colectivamente más poder de procesamiento (CPU) que cualquier grupo de nodos atacantes.

Si seguiste correctamente las huellitas, el secreto está en la página #**47**. Pero si te saltaste las instrucciones, tu secreto está en la página #**13**. Debo advertirte que la siguiente huella es la última, pero la primera en tu gran camino al éxito.

Okey, humano, yo sé que el mensaje de Satoshi es algo técnico, lo bueno es que estás leyendo este libro escrito por mí, un perrito, para explicarlo de forma simple por medio de los 5 puntos más perrunos del escrito. Escucha la batería que suena en tu imaginación en cada punto.

¡Punto número 1! Actualmente, los pagos en línea son reversibles y las instituciones financieras son las que deciden sobre un desacuerdo entre vendedor y comprador, lo que hace complicada la transacción. Por lo tanto, Satoshi ofrece un sistema de pago no reversible, donde el comprador y el vendedor son los que aceptan la transacción sin ningún intermediario.

¡Punto número 2! Para mantener las grandes bases de datos de los bancos y todo su sistema de pago para comprobar las transacciones, los usuarios deben pagar comisiones que, como ya lo mencionamos, pueden ser costosas; ello hace imposible transacciones mínimas como de 2 dólares o 50 centavos de dólar. No puedes comprar una golosina humana por internet, eso es triste. Bueno, con el sistema que ofrece Satoshi sí es posible quitar el "doble gasto" de comisiones, pues no existe un tercero a quien pagarle.

¡Punto número 3! A diferencia de la divisa gubernamental, que para comercio solo tiene 2 dígitos decimales y en la bolsa de valores puede llegar hasta los 4 dígitos decimales, bitcoin tiene hasta 8 dígitos decimales. Esto quiere decir que puedes mandar 0.00000001 BTC a otro usuario, con eso tal vez sería más fácil comprar tus golosinas humanas por internet.

¡Punto número 4! La seguridad está basada en **encriptación** de transacciones, así, en vez de que solo exista un enorme servidor con la base de datos bancarios, el sistema propone una red de nodos descentralizados que cada minero crea al tener encendida su máquina corriendo el sistema. Es casi imposible hackear el sistema pues necesitarías más del 51% del control de los nudos para poder hacerlo. Esta red de nudos corre alrededor de todo el mundo. La gran diferencia es que si físicamente, por ejemplo, con un desastre natural, se destruyen los servidores bancarios, toda la información se perdería; en cambio, con el sistema blockchain, si una máquina se apaga, no importa, porque hay miles y miles en diferentes partes del mundo corriendo el sistema.

¡Punto número 5! Tal cual lo dice en el white paper para las transacciones en línea, lo que se necesita es un sistema de pagos electrónicos que esté basado en **pruebas criptográficas** en vez de la confianza. Una analogía para este punto sería que es mucho más fácil creer que la Tierra es redonda cuando tienes los elementos matemáticos y físicos para comprobarlo, a diferencia de creer a ciegas en teorías "conspiranoicas" que no tienen argumentos científicos para defender que la Tierra es plana.

Por eso, los Galileos financieros, al entender el sistema y comprobar que es viable como una nueva representación del dinero, creamos la frase en "huminglés»: "In Blockchain We Trust". Traducida al "humespañol": "En la cadena de bloques (blockchain) creemos", como burla a la frase que tienen los dólares americanos: "In God We Trust", que significa 'En Dios creemos'. Debo aclarar que es una burla al sistema financiero global basado en dólar y deuda, no a ninguna religión, porque no quiero que Diosito se moleste conmigo, y no me deje ir al cielo de los perros.

Bitcoin fue el pilar para una innovación financiera global, que varios en la industria tecnológica vieron como oportunidad para crear sus propios tokens, sus propias criptomonedas. Para el 2011 fue lanzada litecoin; en el 2013, Ripple lanza su token XRP, y en el 2015 salió el proyecto Ethereum. En julio 2017 nace Bitcoin Cash (BCH) un **fork** de bitcoin. Cada proyecto, con diferentes visiones y metas. Actualmente, existen más de 4,000 criptomonedas que utilizan el blockchain, cada una con su valor agregado único. Hablaremos de ellas más adelante.

Sensei, siempre me dejas con más dudas que respuestas. Otro Spoiler Alert. Muero por acabar este libro.

XIX) Bueno, humano, si te quedaste con muchas dudas como mi humana, entonces te dejaré un tarea: investiga qué es el blockchain y estudia los términos que encontrarás en el apartado blockchain del Glosario.

Blockchain en términos perrunos

Espero que hayas hecho tu tarea, humano.

¿Cuál tarea? ¿Había tarea? Hola, tú, que estás leyendo, ¿hiciste la tarea? ¿Me la pasas, por favor? Ándale, porque si no Coyo San me pondrá un tache en mi cuaderno.

Humano, recuerda que este tema es muy técnico, así que debes leer el Glosario en el apartado blockchain para no perderte de este gran conocimiento. Sí, este capítulo es muy difícil, más que el de las fórmulas matemáticas del esquema Ponzi, pero lo trataré de explicar de una manera simple para ti.

Imagina que un archivero es el blockchain de bitcoin, un conjunto de cajones que guardan información; por lo tanto, los cajones son los bloques y los fólderes con archivos, las transacciones de persona a persona. Ahora imagina que llegan muchos fólderes (transacciones) de muchas partes del mundo, y todos estos, revueltos, entonces los mineros deben archivarlos en un cajón, en términos técnicos, un **bloque**, y colocarlo en el archivero. Pero no tan fácil, ese cajón tiene una cerradura, imaginemos que es un cubo Rubik, nuestro hash. Bueno, para poder colocar el cajón en el archivero, el minero debe resolver el cubo. Para eso debe codificar las transacciones hasta lograr encontrar la combinación adecuada que embone en el archivero, es decir, encontrar la combinación correcta del cubo Rubik idéntica a la que está en el cajón del bloque. Esto confirma las transacciones y así el minero recibe una recompensa por colocar nuevos cajones (bloques).

Cada nuevo bloque debe embonar exactamente en el anterior y es por eso que, aunque sea público, es muy seguro, pues el bloque siempre embonará con la cadena más larga; en términos simples, el cajón nuevo embona en el archivero con más cajones. Toda la información está encriptada en hashes y hoy en día es imposible que alguien la pueda descodificar. Ahora bien, este archivero se replica en miles de máquinas alrededor del mundo, ya que los mineros deben ver el archivero para resolver el siguiente cubo, y como el archivero está replicado en miles de máquinas, si uno decide apagar su máquina no afectará al archivero, pues la red es descentralizada y sus nudos se seguirán conectando entre sí. Así es como se alimenta la red de nudos de bitcoin. Los miles de mineros resolviendo algoritmos matemáticos en todo el mundo mantienen vivo al ecosistema, por lo que entre más mineros existan, más poderosa será la red.

Imaginemos que alguien, un gatito malvado, quiere violar la seguridad del archivero metiendo archivos falsos y colocarlos en un bloque. Los miles de mineros no cuentan con esa transacción y las probabilidades de que el bloque del gatito embone en el archivero son casi nulas, pues los otros mineros mandan el bloque correcto. Si el gatito malo logra poner su bloque en el archivero parte en dos el código. En ese momento todavía no se ha confirmado ninguna transacción, ya que el blockchain debe decidir qué cajón embonar dependiendo de sus **ID**. Es por eso que los mineros deben seguir trabajando en el siguiente bloque, y los que hicieron bien el trabajo saben el ID sucesor, como el siguiente patrón del cubo Rubik. Mientras, el gatito malo debe seguir su ID del bloque falso, que solamente él sabe, disminuyendo así casi a un millón de veces sus probabilidades. Cuando el siguiente bloque es resuelto y embona debajo del bloque correcto es cuando el algoritmo del blockchain decide tomar el bloque de la ruta más larga. El esfuerzo del gatito malo solo se va a ver reflejado en su cuenta de electricidad. El gatito malo puede darse cuenta de que, al trabajar con ética y creando bloques auténticos, puede ganar mayores beneficios. Te recuerdo que hay millones de computadoras alimentando este ecosistema de redes en distintas partes del mundo, en cada una de ellas está replicado el blockchain, encriptado con la mayor seguridad de software que existe hoy en el mundo.

Esos gatos malvados, por eso me caen mejor los perros.

No todos los gatos son malvados; tranquila, humana. Yo tengo amigos gatos que saben mucho sobre caza de ratones y trabajar con ética en los sistemas computacionales. Amigo humano, el sistema blockchain está diseñado para recompensar a quienes trabajen con mayor ética que a quienes deseen hackear el sistema.

Ahora hablaremos de llaves de seguridad. En el sistema actual, para hacer compras en línea necesitas una tarjeta de débito o crédito y ambas cuentan con llaves de seguridad. La llave de entrada son los dígitos delanteros de la tarjeta, los que das a las personas para que te puedan depositar dinero. En la parte trasera de las tarjetas está la llave privada, sí, tu firma y los 3 o 4 números arriba de tu firma. En algunos bancos manejan la firma electrónica, que viene siendo tu NIP que utilizas en el cajero automático, pero esa, frecuentemente, se usa más en los establecimientos físicos y en transacciones directas desde tu portal bancario. Para las compras en línea no es necesario usarla pues con el **CVV** es suficiente para ellos. Con bitcoin también manejas dos llaves; una pública, para depósitos y una privada, para confirmar transacciones.

¿Cómo funciona? Veamos este ejemplo: imaginemos que tu amigo quiere darte un BTC por algún servicio que le proporcionaste. Tú le compartes tu llave pública, una serie de números y letras, o bien un QR para que realice la transacción. Tu amigo entra a su **wallet** y con su firma electrónica manda la instrucción correspondiente. Esa transacción está en la nube con otras miles y, al crear un bloque completo, se une a la cadena más larga. Los mineros crean un hash utilizando las claves privadas, tanto tuya como la de tu amigo, para encriptar la transacción; una vez resuelto el problema el bloque con ID único pasa a ser parte del blockchain confirmando la transacción y recompensando a los mineros. Todo eso en milésimas de segundo para que tú ya recibas en tu wallet dicho BTC. Cada token es único, como los billetes en efectivo, tienen su número de serie y código único. Cuando mandas BTC estás mandando el token original a una persona.

El token bitcoin, creado en agosto 2008, fue liberado a principios de enero 2009 y el sistema blockchain empezó a funcionar con la primera transacción de 10 BTC que Satoshi envió a su amigo humano Gail Finney. Satoshi mandó correos a diferentes humanos que podían estar interesados en el sistema y los primeros mineros surgieron en el mundo. Para el 2010 el sistema ya era sostenible por sí solo, un sistema democrático, abierto, transparente y, sobre todo, sin regulación de algún tercero para hacer pagos en línea, de eso se trata el blockchain. Algo importante sobre el bitcoin es que es finito, tiene tokens limitados, quiere decir que solo existen 21 millones de dichos tokens y, a la fecha, a finales del 2020, se han minado 18.5 millones, aproximadamente. A diferencia de las divisas, que para igualar el dólar solo necesitan la cantidad de 100 centavos, bitcoin necesita 100,000,000 de satoshis para igualarlo.

Un satoshi sería como los centavos de bitcoin. Aparte de ser finita, el algoritmo tiene una particularidad, se emite una cierta cantidad de bitcoins cada 10 minutos para recompensar a los mineros, dicha cantidad, al codificar 210,000 bloques es dividida a la mitad; a este evento se le conoce como halving. Todo lo anterior hace que bitcoin sea una **unidad contable** mejor que las divisas: se puede medir a través del tiempo y de forma finita, su divisibilidad es alta y la oferta limitada, tanto por sus tokens finitos como por los halvings.

Creo que tendré que leer el tema de nuevo, pero empezare por el Glosario, la tarea que no hice.

Halving y máximos históricos

El halving es el evento donde los mineros de bitcoin llegan a colocar 210,000 bloques en el sistema. Pasa entre 3 años y medio a 4 años, y no existe tiempo exacto, pues el algoritmo varía en función de la rapidez de los mineros en crear bloques nuevos. En la actualidad (finales del 2020) han pasado 3 halvings en las siguientes fechas:

- 28 de noviembre del 2012
- 9 de julio del 2016
- 11 de mayo del 2020

Y ¿por qué son importantes esas fechas?

Al dividir la ganancia de los mineros, la oferta de bitcoin disminuye, mientras que la popularidad cada año es más grande, es decir, la demanda de BTC aumenta, esto provoca un alza de precios, lo que convierte al bitcoin un **refugio de valor**, una inversión a corto plazo con rendimientos muy altos.

La recompensa a los mineros, por encriptar bloques, era jugosa al principio, la cantidad emitida era bondadosa y los mineros eran muy pocos. Desde la primera transacción, a principios del 2009, hasta el primer halving, a finales del 2012, se emitían 50 bitcoins cada 10 minutos. Esos 50 bitcoins se repartían alrededor del mundo en cada nodo donde se corría el sistema. Al momento de minar 210,000 bloques, la recompensa se dividió a la mitad: en vez de emitir 50 ahora solo se emitían 25 bitcoins cada 10 minutos. Para ese entonces, la popularidad del bitcoin creció, por lo tanto, a cada minero le tocaba un porcentaje menor.

Pero no te desanimes, el precio del bitcoin, por consecuencia, subió, de 12 dólares que valía cuando ocurrió el primer halving llegó a superar los 1,000 dólares para el siguiente año. El 4 de diciembre del 2013 un bitcoin valía 1,147 dólares, pero como todo lo que sube tiene que bajar, el 2014 fue un año negativo para bitcoin, pues de enero a diciembre tuvo una tendencia bajista de 950 a 310 dólares. Aun así, si lo vemos desde el halving, donde valía tan solo 12 dólares, para su punto máximo en diciembre 2013 tuvo una ganancia porcentual de poco más del 9,500%, esto quiere decir que su valor aumentó más de 95 veces. Para finales del 2014, con todo y la bajada de precios, si se calcula desde 12 dólares, su ganancia porcentual era casi del 2,600%, es decir, aumentó por más de 25.8 veces su valor. Les ladraré algo que me contó mi amigo el pez Pedro. Un día de septiembre del 2012, él junto con su humano Jorge minaron 8.5 BTC, cada uno con valor de 11.76 dólares, es decir, un total de 100 dólares. Bueno, para el 4 de diciembre del 2013, a pesar de tener los mismos BTC, su valor era de 9,577.45 dólares, y decidieron no vender, lo que provocó que esos casi 10,000 dólares se convirtieran en 2,588.5 dólares. Aun así, él seguía teniendo 8.5 BTC.

El segundo halving, como ya lo mencionamos, fue el 9 de julio del 2016; su valor promedio era de 650 dólares y se habían minado 420,000 bloques a ese día. La recompensa bajó emitiendo 12.5 bitcoins cada 10 minutos. De nuevo, los mineros aumentaban y la recompensa bajaba; por obvias razones, el precio volvió a subir. El 16 de diciembre del 2017 llegó a máximos históricos de nuevo con un valor de casi los 20,000 dólares; sí, 19,343 dólares valía un simple bitcoin. Los bitcoins de Jorge y Pedro ahora costaban 161,514.05 dólares, su ganancia porcentual desde el segundo halving fue de casi 3,000%. Pero, igual que el halving anterior, el siguiente año, 2018, la tendencia fue bajista y el bitcoin llegó a tocar los 3,230 dólares a finales del año. Entonces, los 8.5 BTC de Jorge y Pedro valían 26,970.5 dólares.

El tercer halving pasó en este año 2020, el año de la COVID-19. Se terminaron de colocar 630,000 bloques en el blockchain y, a pesar de que en el primer trimestre tuvo una fuerte caída por el tema de la cuarentena mundial, tras el halving del 11 de mayo del actual año y con un precio promedio de $8,857 ha estado recuperando su valor, superando su máximo y con tendencia alcista para el siguiente año.

XX) Humano, hora de preguntas. Al cierre del año 2020 su precio máximo fue de $28,950, si Jorge y Pedro no han vendido ni comprado más bitcoins:

i. ¿Cuánto valen a finales de 2020?
ii. ¿Cuánto ha sido su ganancia porcentual desde el 2012, cuando tuvieron un valor de 100 dólares?

Vamos a explicar otro término muy popular, el concepto de granjas de minería (**mining pools**). Si ya leíste el Glosario entenderás que dichas comunidades tienen un poder computacional muy poderoso; varios han criticado que por esas pools los BTC ya no son una moneda tan descentralizada, pues si dichas comunidades se ponen de acuerdo pueden crear software maligno, ya que podrían llegar a tener 51% del control del sistema. Aunque mi instinto perruno está en desacuerdo con esta teoría, varios desarrolladores en el 2017 (sí, pasando el segundo halving) se percataron de algunos problemas para minar. Las transacciones como mineros en el juego aumentaban y necesitabas más poder de cómputo para minar, y las granjas donde juntaban varios servidores o nudos se llevaban las mayores recompensas. Mi amigo

El Gato con Tenis, quien era un minero, empezó a notar que sus recibos de luz llegaba con tarifas bastante altas y, como mencionamos anteriormente, la ganancia no recompensaba el gasto, pues él nunca se asoció a una pool –ya sabes, por eso de que solo admiten humanos, pura discriminación. La minería individual se volvió costosa y mi amigo el Gato con Tenis tuvo que dejar la minería, pero volvió a ella cuando llegó bitcoin cash, una criptomoneda nueva.

Lo mencioné anteriormente: como bitcoin fue el pilar para una innovación financiera global, no solo bitcoin cash fue creado como una alternativa al bitcoin, fueron varios visionarios los que elaboraron su propio token encriptado para generar una economía más abierta, incluyendo los dueños de **exchanges**: sistemas de blockchain, donde podías entrar a comprar, vender o intercambiar tus criptomonedas cobrando una pequeña comisión. Igual que las criptomonedas, cada vez existen más exchanges en la actualidad (2020). Hay más de 300 exchanges de criptomonedas y más de 4,000 criptomonedas.

Algo muy importante es no confundir los exchanges de criptomonedas con plataformas de trading tradicionales. El sistema financiero tradicional, al ver el boom de las criptomonedas, decidió adueñarse de ellas ofreciendo un indicador de precio de las mismas. Los indicadores de precio varían con su activo, no es lo mismo comprar oro o plata en la bolsa que ir a una joyería; igual pasa con el petróleo o cualquier otro commodity: no te llega el barril a tu casa de petróleo o la pipa de gas natural, ni los kilos de maíz o trigo. Así mismo ocurre con las criptomonedas, al estar en una plataforma de trading tradicional no estás comprando la criptomoneda, solo el indicador de precio, y si la criptomoneda sufre una caída fuerte, tu dinero se puede perder; en cambio, en un exchange no importa si tu cartera, wallet, tenga un nulo valor en dólares, tú siempre serás dueño de tus criptomonedas. Te daré un tip básico para diferenciarlos, debes ir a https://coinmarketcap.com/rankings/exchanges, ahí encontrarás los exchanges de criptomonedas que usan la tecnología blockchain para su correcto funcionamiento.

> Desde que la banca tradicional desea invertir tanto en bitcoin y otras tantas criptomonedas, se puede observar cómo las criptomonedas son un **refugio de valor** fuerte para inversionistas. Les gruño que es mejor refugio de valor que el dólar.

Bitcoin Pizza Day

¡Vamos a pedir pizza! ¡Qué rico! Ya hace hambre con tanto que he leído, lo mejor es que Coyo San invita.

Humana, ¿de qué hablas? Yo no tengo dinero para comprar una pizza, aparte vamos a hablar del primer día en que se usó bitcoin como forma de pago.

A pesar de que su popularidad actual ya es grande y mi olfato perruno me dice que ya comprendes los términos blockchain, halving, mineros, criptomoneda, bitcoin, estoy seguro que no era la primera vez que los escuchabas. Hoy en día no es raro encontrar a humanos que, por lo menos, han escuchado alguno de esos términos, pero hace 10 años menos de un humano por millón conocía dichos conceptos. Eso hacía complicado comerciar con el token de bitcoin.

¿Quieres ser millonario como Monni? Entonces este camino te mostrará el secreto. Ve a la página #**90**.

¿Como las hojas de árboles de tu primo?

Algo así. Los pocos mineros alrededor del mundo solo podrían usar bitcoin entre ellos porque era una muy pequeña sociedad que aceptaba el token como un activo.

Hasta mediados del 2010, el bitcoin tenía un valor por debajo del centavo del dólar y nunca se había usado como instrumento de pago. Fue el 18 de mayo del 2010 cuando el usuario Laszlo (un humano, no mi amigo mono del campamento) ofreció en un blog pagar 10,000 bitcoins por dos pizzas grandes. Después de 4 días, Jercos, otro usuario, aceptó la oferta y pidió dos pizzas grandes de Papa John's al domicilio de Laszlo y así realizó la primera compra de un bien con bitcoins. El 22 mayo del 2010 se usó bitcoin como forma de pago por primera vez. En ese entonces tenía un valor de 0.0041 USD, así que, aplicando el tipo de cambio, el costo real del servicio para pedir ambas pizzas fue de 41 dólares.

XXI) Humano, hora de preguntas.
   i. Si el precio promedio de un bitcoin en 2020 fue de 11,320 USD, ¿cuántos dólares se hubiera gastado Laszlo en esa transacción?

En esta última década, la demanda de bitcoin y otras criptomonedas ha crecido brutalmente, por lo que aumenta su valor monetario en forma exponencial y cada vez más humanos están convencidos del potencial de bitcoin como forma de pago. Tanto así que ya existen muchos establecimientos alrededor del mundo que aceptan bitcoin a cambio de sus bienes o servicios. En Brasil, la cadena de supermercados Oasis acepta bitcoins para comprar la despensa. En Argentina, la tarjeta que se usa para pagar el trasporte público puede ser fondeada con bitcoins. Platzi, sí, la escuela online, acepta bitcoins como método de pago. En mi México lindo y querido, hay muchos establecimientos donde aceptan bitcoins y otras criptomonedas como forma de pago. Puedes tomarte una cerveza bien fría comiendo una deliciosa pizza en Bitcoin Embassy Bar, en CDMX, y pagar con BTC, ETH, LTC, entre otras. En Guadalajara, mis tierras tapatías, Ding Ding Donuts, donde hacen las mejores donas glaseadas, también las acepta. Si te preguntas cómo sé que las donas de Ding Ding Donuts son las mejores es por mi olfato perruno, aunque mi humana nunca me ha dejado probar una, con la excusa de que me hacen daño. Hablando de ella, también acepta BTC, ETH, LTC y XRP por sus servicios de asesoría financiera, aunque en realidad yo soy el que tiene todas las respuestas, pero ella siempre se queda con las ganancias y las donas.

Lo más interesante es que algunos exchanges están creando prototipos de tarjetas de débito para que el pago en criptomonedas sea más accesible, con una app móvil podrás decidir cuál criptomoneda será tu **forma de pago**. Binance, coinbase y bitso son algunos innovadores intentando hacer esto.

La aceptación del token llamado bitcoin y creado por Satoshi Nakamoto cada vez es mayor alrededor del mundo. Por eso se debe recordar como fecha histórica el 22 de mayo del 2010, pues, por primera vez, el bitcoin es aceptado como forma de pago para comprar un bien entre dos personas. Es motivo de festejo, así que si eres un Galileo financiero siempre debes festejar el 22 de mayo como Bitcoin Pizza Day. No lo olvides, humano, es un evento mundial y la sociedad que hace años era pequeña cada vez va creciendo y siempre festeja y recuerda este día memorable para su comunidad.

Galileos financieros, por aquí; Galileos financieros por allá. Ya dime, ¿quiénes son?

Eso lo explicare más tarde, no dejes de leer para averiguarlo.

XXII) Humano, hora de las preguntas.
  i. ¿Qué otros establecimientos de tu país conoces que acepten bitcoins?
  ii. ¿Conoces alguna otra criptomoneda que se pueda usar como forma de pago? ¿Cuál?

¿LAS CRIPTOMONEDAS SON DINERO?

Algunas sí, otras no. Como les ladré en todo el libro el dinero evoluciona y sí, actualmente, estamos viviendo en la transición de dinero digital a criptomonedas, pero hay tantas que no todas deben considerarse dinero, y nadie tiene una bola de cristal para ver el futuro y predecir cuáles son las que tendrán mayor aceptación. Hasta luego, humano, un placer haberte educado. Dicho eso, favor de mandar el premio Nobel de Economía a la casa del perro: avenida el arbolito poniente #7 en Canilandia.

Sensei, entonces, ¿así acaba el libro?

Estoy bromeando de nuevo, sobre el irme, lo del premio Nobel es muy en serio. Ya llegamos a la recta final, aquí te explicaré sobre la transición del dinero actual. Te ladraré al oído cuáles son los escenarios posibles para la economía global con mis análisis perrunos, siempre recordando que la economía no es una ciencia exacta como las matemáticas o la física, sino más como la estadística: por más probabilidades que tenga a favor un evento, siempre existirá ese pequeño porcentaje de azar que puede cambiarlo de manera sorprendente.

Ser o no ser dinero, esa es la cuestión

Sabemos lo que somos, no lo que podemos ser.
No hay nada bueno ni malo, nuestra opinión le hace serlo.

¿Por qué tan shakespeareana, humana?

Me inspiré con el título. Sé lo que son las criptomonedas, pero no sé si son dinero, y mi opinión de eso es que si la sociedad no las acepta como dinero, será muy malo para el negocio.

Me sorprendes, humana, sí has estado estudiando mucho.

Sí, para ser una mujer tan inteligente como Hamlet.

¡Hamlet no es mujer! Eso me pasa por esperar demasiado de ti, humana.

Analicemos poco a poco, preguntando si el bitcoin es dinero. ¿Recuerdas las 3 reglas que debe aceptar una sociedad para definir el dinero?
1. Unidad contable
2. Refugio de valor
3. Medio de pago

Recordemos ahora los temas vistos en el capítulo anterior:
1. Blockchain en términos perrunos
2. Halving y máximos históricos
3. Bitcoin Pizza Day

En el tema blockchain analizamos cómo, gracias a su algoritmo, el bitcoin es una **unidad contable**, ya que es limitada, su emisión es una constante y su grado de divisibilidad en satoshis (centavos) es de hasta 8 dígitos.

En el tema halving entendimos que, al paso del tiempo, la demanda aumenta y la oferta disminuye por la división de recompensas. Esto genera que el precio suba consideradamente tocando máximos históricos a un año, más o menos, después de cada evento halving convirtiendo al bitcoin en un **refugio de valor**. Tan es así que hasta la banca tradicional invierte en él.

Por último, en Bitcoin Pizza Day podemos ver cómo existen varios comercios de bienes y servicios donde aceptan el bitcoin como **forma de pago**. Recuerda siempre que la primera transacción por un bien fue el 22 de mayo del 2010 al comprar 2 pizzas.

Por lo tanto, es evidente que cumple las 3 reglas, y la sociedad cripto, a quien me gusta llamar Galileos financieros, aceptan bitcoins como dinero real. Dicha sociedad crece cada día y muy rápido se observa la transición del dinero digital a la criptomoneda.

Debemos recordar que no todas las criptomonedas son dinero, pues muchas no son aceptadas por los Galileos financieros como tal, pues no cumplen algún requisito. Te recuerdo que existen más de 4,000 criptomonedas y algunas no tienen bien justificada su existencia.

Tipos de criptomonedas

El bitcoin fue el gran comienzo de algo que se convertiría en un monstruo financiero. El código de bitcoin es abierto, esto quiere decir que cualquier desarrollador con los conocimientos suficientes puede hacer modificaciones y copias del código. A diferencia de la industria tradicional con todas esas leyes absurdas sobre derechos de autor, la comunidad tech y más la del código abierto sí comparte sus juguetes virtuales, es decir, el bitcoin compartía su tecnología blockchain para que otros desarrolladores pudieran hacer sus propias criptomonedas.

Con esto llegaron al mercado nuevos competidores de criptomonedas y con valores agregados únicos, pero también surgieron los humanos malos que se aprovechaban de esta ola creando sistemas piramidales disfrazados de criptomonedas. Lástima que actualmente son pocos los que pueden diferenciar entre una criptomoneda real de un fraude piramidal, pues el sector tecnológico es muy pequeño todavía. Existe mayor oferta laboral que demanda, es por eso que el precio del servicio de un programador máster promedio supera los 5,000 dólares mensuales. Te recomiendo que no te cierres a la programación y empieces a estudiarla, pues en el actual mundo digital que vivimos es una necesidad básica. Aun así, si no tienes conocimientos de informática, la forma más fácil de encontrar la veracidad de una criptomoneda es ir a https://coinmarketcap.com/, donde están en listados los proyectos de criptomonedas alrededor de todo el mundo, donde puedes encontrar más de 4,000 criptomonedas.

Lo bueno es que estás leyendo este libro escrito por mí, un simple perrito. En vez de aprender a programar, te ladraré en simples definiciones caninas cada uno de los tipos de monedas virtuales que existen como las criptomonedas, altcoins, ICOs, entre otras. Lee con atención:

1. Criptomoneda, es un sistema de pago P2P, que utiliza blockchain y sus nodos pueden ser o no descentralizados. Si es descentralizado no importa si se apagan algunos nudos siempre y cuando mínimamente el sistema esté corriendo en 2 nudos (dos computadoras prendidas): aunque no sean los primeros, puede seguir funcionando. Como lo mencionamos anteriormente, entre más mineros existan de la criptomoneda el sistema es más poderoso, mientras que su precio es determinado por la oferta y demanda. Las criptomonedas centralizadas, a diferencia, dependen de un nudo padre y si este llegara a apagarse, todo el sistema puede colapsar. Aparte, el precio no se determina por oferta y demanda en su totalidad, igual que los bancos centrales se puede regular un poco el precio, pues el nudo padre directamente emite los tokens al mercado y no hay necesidad de minarlos; en otras palabras, ellos minan su propia moneda.

2. Altcoins, criptomonedas que utilizan blockchain, pero su demanda de mineros no es tan alta para decir que es un sistema completamente descentralizado y no tienen el volumen de mercado para que el blockchain se autosostenga. Podría decirse que, debajo de las primeras 50 criptomonedas del listado en https://coinmarketcap.com/ ordenado por volumen de capital, todas son altcoins.

3. Forks, criptomonedas que comparten el código fuente de una anterior. El proyecto está basado casi en su totalidad en una criptomoneda primaria. El precio fluctúa por demanda y oferta en su mayoría. Ejemplo: bitcoin cash (BCH) y bitcoin gold (BTG) comparten el código padre de bitcoin, pero tienen modificaciones en su código como los megabytes que tiene un bloque. Sí, eso es algo técnico, pero así son los forks de cualquier proyecto digital, no solo de criptomonedas.

4. Stablecoin, criptomonedas que fijan su precio con una divisa gubernamental o algún commodity (materia prima). Las más comunes están a la par con el dólar, pero también existen par con euro y con algunas materias primas como el oro, el agave y otros. Tienen un blockchain centralizado y se presume que la mayoría de sus creadores cuentan con una gran reserva de moneda o materia. En la actualidad (2020) se pueden encontrar 7 monedas vinculadas con el dólar y algunas otras con el oro, pero mi olfato financiero me dice que DGX es la que mejor está vinculada con el precio real del oro. Tether, la moneda vinculada al dólar de mayor popularidad, anunció desde el 2019 que lanzaría una nueva criptomoneda vinculada al yuan chino, pero hasta el momento no se encuentra en el listado. El petro intenta venderse como stablecoin venezolana al igualar el precio del barril de petróleo; honestamente, mi olfato financiero me dice que no es confiable, pues ni siquiera se encuentra en el listado y su plataforma parece que la desarrolló un perrito cachorro de 4 meses. Más adelante hablaré de ese tipo de monedas.

5. ICOs es la oferta inicial de moneda. Algo importante es que no es una criptomoneda. Está basado en un esquema de compra con descuento, el precio lo determinan los creadores y suelen prometer que, con el dinero recabado, terminarán el proyecto y sistema blockchain para, posteriormente, sacarlo al mercado, lo que garantizaría un alza al precio de la nueva criptomoneda. Huele a fraude, y, a pesar de que muchos fraudes se presentan como ICOs, otros, con un proyecto bien sustentado, suelen salir al mercado. Por eso, humano, si vas a invertir en algún proyecto ICO, asegúrate de leer el código o preguntarle a un experto externo para mayor seguridad.

6. Scamcoin. ¡Peligro! Ladren como locos al ver uno y aléjense lo más que puedan. Esta moneda virtual es un fraude, estafa, ni las de Mario

Bros son tan falsas. Es como el amor de tu ex, le das tu dinero, tu vida, tu amor, tu fe, tu tiempo y él, puras mentiras. (Ya estoy llorando porque recordé a mi linda basset hound). Estos shitcoins no cuentan con blockchain, y no tienen interés en crear uno. Se venden como ICOs. Algunos hasta tienen el descaro de decir que ya son criptomonedas, pero, como dije, son puras mentiras. Están basados en el esquema Ponzi para atraer a ingenuos, diciendo que te dan comisiones por invitados, pero el precio es determinado por, obvio, los creadores del fraude. Algunos ejemplos: onecoin, amero, earthcoin y, como lo mencioné anteriormente, petro, entre otras.

XXIII) Humano, hora de preguntas. Aparte de bitcoin:
    i ¿Cuál criptomoneda conoces?
    ii. ¿Cuál criptomoneda es tu favorita?

Coyo San, mi criptomoneda favorita es golem (GLM). Es una criptomoneda que está construyendo la Matrix.

Humana, GLM es una criptomoneda que entrega recompensa a sus mineros por poder de cómputo de sus máquinas, no está construyendo ninguna Matrix. El poder de cómputo es utilizado por otros usuarios que necesitan mucha capacidad de procesamiento en su equipo: desde el matemático, que quiere calcular los millones de decimales de π (pi) hasta el diseñador 3D que quiere procesar su corto animado.

Criptomonedas más perrunas (2015-2020)

Te contaré sobre las criptomonedas más perrunas del 2015 al 2020 según mi olfato financiero. De las categorías que vimos en el capítulo anterior, explicaré mi moneda favorita de cada una.

1. Como ya sabemos, bitcoin es la pionera, la de mayor volumen comercial y con un valor monetario muy alto desde el 2018 al 2020, con precio máximo de 28,950 dólares a finales del 2020 y siguiendo tendencia alcista en enero del 2021. Ya hablamos mucho en capítulos anteriores sobre BTC, así que les daré otro ejemplo de una criptomoneda descentralizada: ethereum (ETH). Es la segunda criptomoneda más popular de todas; cuenta con un lenguaje de programación único llamado solidity y, gracias que es un código abierto, muchas ICOs y altcoins usan su lenguaje para crear sus propias criptomonedas. También maneja la tecnología de guardar contratos inteligentes; es decir, al mandar una ETH te permite, además de enviar el token, escribir en código una explicación de por qué se realiza la transacción. Si bien no es tan popular hacer contratos, ya que para escribirlos debes tener conocimientos básicos de programación, mi olfato perruno me dice que, en un futuro cercano, el ETH podría desaparecer a los notarios públicos del mundo; sí, esos humanos a los que otros humanos pagan por el servicio de validar un contrato legal en un país y que suelen cobrar cifras caras dependiendo de la complejidad del contrato. El ETH resuelve de nuevo el problema de confianza a terceros creando un sistema donde el algoritmo es irreversible y queda guardada la transacción con su contrato.

2. Criptomoneda centralizada: Ripple, una empresa digital que ha firmado contratos con más de 50 bancos privados alrededor del

mundo ofreciendo su tecnología blockchain para agilizar pagos. Nace con su criptomoneda XRP un token centralizado y, a diferencia de BTC o ETH es, por mucho, más económico que ambas, pues su precio está por debajo del dólar. El que en algún momento le quitó el puesto número 2 a ETH por escasos días, en este año 2020 se pelea el puesto número 3 contra el tether (pero de esta hablaremos más adelante). Los inversionistas deben entender algo importante de Ripple y XRP: el token XRP no es una acción de Ripple, es decir, si en varias noticias se puede leer que Ripple tiene un auge, no necesariamente XRP debe subir su precio. Como lo dijo su CEO, Brad Garlinghouse, el token XRP (criptomoneda) es independiente de la empresa Ripple.

3. Altcoin: basic attention token (BAT) es una criptomoneda que empezó como altcoin en el 2017 basada en el blockchain de ETH. Desde entonces, su posición de mercado ha subido en una forma monstruosa. ¿Quieres saber por qué? Dicha criptomoneda semicentralizada (o sea, sí, pero no) está basada en una recompensa para creadores de contenido en su navegador Brave. ¿Sabías que cuando navegas por internet estás trabajando? Sí, navegar por internet es un trabajo muy real. En los 90 existía NetScape, el primer navegador en masa y cobraba por el servicio de navegar por internet, exacto, te cobraba por trabajar para ellos. Así que llegaron Explorer, Safari, Mozilla, Chrome, entre otros navegadores que se portaron buena onda y dieron el servicio gratis. ¿Por qué lo darían gratis? Como dije anteriormente: estás trabajando para ellos. Cada vez que tú das un me gusta; buscas contenido en Google; cada que vez un video de YouTube; comentas una historia en Instagram; subes fotos en Facebook, inclusive al compartir ese meme tan chistoso, cada una de todas esas veces y tantas otras les proporcionas **metadatos** a dichas compañías. Aunque, claro, para hacerlo legal te hacen firmar electrónicamente avisos de privacidad y contratos

que, en verdad, nadie lee, porque se nos hace fácil, humano, solo aceptar y aceptar todo para por fin navegar y ver contenido en dichos sitios web. Todo eso que no leíste, que estás firmando al darle una palomita en aceptar, es una venta de datos o, más bien, estás regalando tu privacidad a esos monstruos tecnológicos. En serio, humano, eso de trabajar gratis no te lo recomiendo mucho, porque aparte de no pagarte hacen que se consuma más rápido tu plan de datos por causa de las **cookies**, que disminuyen la velocidad del navegador.

Brendan Eich, quien inventó JavaScript, y cofundador de Mozilla, sí, uno de esos navegadores a los que le regalas tu privacidad, vio la injusticia y decidió crear Brave. ¡Bravo! Y no solo por aplausos, sino porque así llegó, como un bravo navegador a decir: "Yo les pago a los usuarios por navegar. Además, sus metadatos no los quiero". Este navegador usa un esquema de anonimato como las criptomonedas y así no viola tu privacidad. Por si fuera poco, aumenta la velocidad en el navegador al quitar toda esa publicidad basura haciendo que tu módem gaste menos datos. También los protocolos de seguridad aumentan por el sistema blockchain y, lo más importante, te paga. Sí, te paga por navegar y crear contenido. Es por eso que BAT es de mis criptomonedas favoritas. A pesar de que su ranking en este año apenas superó el top 50 de criptomonedas más populares, no dudo que en un corto plazo pueda llegar al top 15.

4. Fork: bitcoin cash (BCH) es una criptomoneda creada en el 2017 y, como ya lo ladré en capítulos anteriores, se creó para disminuir los costos de minería. ¿Cómo fue esto posible?: fácil, tomaron el código de Bitcoin y modificaron una que otra cosita por aquí y por allá, como cuando alguien le hace unos ajustes nuevos a su carro. En el mundo digital, cuando se crea un fork, en vez de que se modifique el carro, se crea uno nuevo, cambiado, y, para el caso

del BCH, esto aumenta los megabytes en cada bloque. ¿Te acuerdas cuando te comenté que el blockchain era como un archivero? Pues en el archivero de BCH, en vez de tener cajones pequeños, como en el archivero BTC, crearon cajones grandes, donde pudieran entrar más transacciones y así usar menos bloques facilitando la minería. El precio del bitcoin ha llegado a valer 50 veces más que el de BCH, pues la moneda, para muchos, solo es una copia barata y no la aceptan como criptomoneda real. Mi olfato perruno me dice que, no obstante esa mala fama, es una criptomoneda muy valiosa, no por nada siempre ha estado en el top 10 con mayor demanda.

5. Stablecoin: tether (USDT), la criptomoneda que más incrementó su popularidad en el 2020, brincando de los últimos lugares del top 10 hasta pelear el tercer lugar contra XRP. La razón de su alta demanda es porque se ha vendido como la criptomoneda más confiable, pues está respaldada por el dinero más real aceptado por la humanidad: el dólar. En el año 2020, viviendo tiempos de mucha demanda monetaria y poca producción por la pandemia de la COVID-19 y la necesidad de un medio de pago P2P que no sufriera las bajas o altas del mercado, la solución fue USDT, brillando como luciérnaga en la oscuridad. El tether salió al mercado con una gran polémica a finales del 2014 y, obvio, a la comunidad no le agradó mucho la idea de que una critpomoneda estuviera vinculada a lo que por, lógica, era el enemigo. Mientras los idealistas y seguidores de criptomonedas descentralizadas han hablado sobre cómo el sistema financiero basado en deuda, en un dólar, que es insostenible y debería caer; el sistema o, más bien, Reeve Collins, llegó con la idea de digitalizar el dólar para resolver todos los problemas del sistema actual. Su punto es que la poca regularización y la alta demanda que tienen las criptomonedas descentralizadas crean una volatilidad en sus precios, fluctuando de manera agresiva y a corto plazo: de un día para otro pueden subir hasta 5 veces su valor, pero, como todo lo que sube

también debe caer, las pérdidas son iguales y dolorosas.

Para mi amigo el loro, por confiarse y dejar su posición, en solo una semana el valor de su wallet de ETH llegó a valer la mitad del precio de compra. Sí, días oscuros los de esa semana de enero del 2018. El primer trimestre del 2018, varios inversionistas tuvieron pérdidas fatales, y se podía escuchar, llorando por las ventanas, el cantar del loro arrepentido. Es por eso que los inversionistas nuevos prefieren algo seguro, algo sin fluctuación; el tether promete esa seguridad al regular su precio y no permitir que varíe ni un centavo contra el dólar. Como ya lo mencionamos, no es la única stablecoin, hay otras basadas en el mismo dólar, en oro, en otras divisas gubernamentales o en materias primas.

6. ICO: el EOS, en la actualidad, se encuentra dentro del top 15 de criptomonedas más populares. Empezó como una simple ICO en el 2017, recabando ETH para financiar su proyecto, que todavía sigue en curso. Salió al mercado a mediados del 2018, pero su proyecto promete grandes cambios en la industria tecnológica, y siguen trabajando en esto. La visión del EOS es crear un sistema blockchain descentralizado que pueda procesar transacciones de manera rápida y gratuita. El sistema permitirá crear contratos inteligentes y también, a desarrolladores, lanzar **dApps**. Lo más prometedor es crear una plataforma que funcione como sistema operativo.

Existen más de 4,000 criptomonedas, explicar cada una me tomaría muchos libros. Sería interesante que tú, humano, investigaras por tu cuenta algunas criptomonedas como LTC, DOT, MANA, GLM, DGX, TUSD, BNB, EURS y muchas más. Nunca inviertas en alguna criptomoneda sin antes investigar sobre esta. Es importante que compruebes su ranking (posición en el mercado por su volumen) en https://www.coinmarketcap.com/. También recuerda investigar el exchange que usarás para comprarla en el mismo sitio. Por último, recuerda que si el proyecto a donde te invitan a invertir no está enlistado en el sitio mencionado anteriormente, debes buscar a un experto para no comprar scamcoins o caer en un fraude.

Los Galileos financieros

Humano, sí, tú, humano que estás leyendo el libro, ¿te gustaría ser un Galileo financiero?

Yo prefiero ser Galilea financiera, y ¿tú, Sensei?

En ese caso, yo seré un Galiperro financiero.

Mi personaje favorito de toda la historia humana es Galileo Galilei. Nació el 15 de febrero de 1564 en la Toscana, Italia. Fue profesor de matemáticas en la Universidad de Pisa, pero su pasión era la astronomía y la física. Me encantaría que estuviera presente el día de hoy y le dijera a la ciencia: "Yo soy tu padre", a la Starwars. Con sus experimentos y conjeturas contrarias a la física aristotélica y al geocentrismo, se ganó el odio de la Inquisición romana, pues sus revelaciones iban en contra de lo predicado por el papa Pablo V y toda la teología de ese entonces.

Galileo mejoró el telescopio, fue el que descubrió que la caída libre no depende de la masa del objeto lanzado, pero su mayor logro fue demostrar que la Tierra no era el centro del universo y que tenía un movimiento de traslación sobre una órbita que rodeaba al sol, de donde propuso su modelo heliocéntrico.

Al ir en contra de la filosofía cristiana, lo arrestaron y obligaron (sí, con tortura) a dejar sus experimentos, a negar su modelo y a no volver a enseñar nada de sus herejías a sus alumnos. Aceptó la condena y los chismosos de mis ancestros perrunos cuentan que al salir del salón susurró en "humitaliano": "Eppur si muove", que traducido al "humespañol" es: 'Sin embargo, se mueve'.

Galileo murió a sus 77 años de edad, enfermo de la impotencia de saber algo que nadie sabía, de comprender la realidad que nadie más entendía, de ser llamado loco, hereje, idiota, porque era tan fácil pararte en la calle y ver cómo el sol sí se movía alrededor de la Tierra. Esa gente que ridiculizaba a Galileo me recuerda tanto a los terraplanistas, a los empresarios tradicionales, a los creyentes a ciegas de cualquier fake new en las redes sociales, tantos humanos que no quieren aprender a ver, observar la realidad. No fue hasta 100 años después que la Iglesia aceptó el modelo heliocéntrico y 360 años después el papa Juan Pablo II admitió el error de la Inquisición y rehabilitó a Galileo por la equivocación de sus antecesores.

Es por eso que con toda la admiración canina que puedo otorgar a Galileo me nombro y nombro a quienes comprenden la gran realidad financiera que vivimos, y no solo creen a ciegas, Galileos financieros.

Lo más hermoso de la ciencia es que, a pesar de que existan personas que no creen en ella, sigue siendo un hecho y una verdad. Con mis análisis y mi conocimiento perruno me atrevo a concluir que las criptomonedas son, por mucho, la mejor representación del dinero en la actualidad. No hay mejor refugio de valor ni unidad contable que el bitcoin. Tal vez le falta mayor popularidad para usarlo como forma de pago, pero desde hace una década son cada vez más establecimientos y personas los que procuran aceptarlo a cambio de bienes y servicios.

No dudo que exista mucha gente que diga que soy solo un perro y no sé nada sobre el sistema financiero, pero, como dijo Galileo Galilei, yo les digo: "Guau, grrr guaw", que, traducido al "humespañol" es: 'Sin embargo. estamos en crisis'.

Ahora te preguntarás por qué me atrevo a decir eso, pues por 4 hechos actuales:

1. El dólar y el euro están basados en una deuda impagable.

2. La confianza en nuestros gobernantes es casi nula en la mayor parte del mundo.

3. Desde el colapso hipotecario en el 2008 de la bolsa, las potencias mundiales no han logrado superar su déficit.

4. El 2020, el año de la COVID-19, nos ha demostrado cómo el sector más beneficiado es el tecnológico y cómo la guerra digital la van ganando los rebeldes.

Humano, yo sé que para ti es difícil creer esto, pues el aprendizaje social te ha programado desde que eras un cachorro para tener otra idea sobre el dinero, yo solo te doy las herramientas para que veas más allá del suelo donde pisas, como Galileo lo hizo. Y no olvides que "Guau, grrr guaw".

Por último, citaré a otro humano que admiro y es contemporáneo a este libro. Con la edad de 90 años y por más de tres décadas siempre ha destacado en la lista de *Forbes*: Warren Buffett, quien dice en "huminglés": "Predicting rain doesn't count. Building arks does". Traducido al "humespañol": 'Predecir la lluvia no cuenta, construir arcas, sí'. ¿Por qué termino con esta frase?: simple, ya les ladré muchas veces que estamos en crisis financiera, y deben construir su arca si no se quieren hundir.

XXIV) Humano, es hora de la última pregunta. ¿Te gustaría ser un Galileo financiero?

Galileo Galilei
"Eppur si muove"
'Sin embargo, se mueve'

Coyo San
"Guau, grrr guaw"
'Sin embargo, estamos en crisis'

Warren Buffett
"Predicting rain doesn't count. Building arks does"
'Predecir la lluvia no cuenta, construir arcas, sí'

Buen chico humano, te puedo spoilear un poquito diciéndote que este libro puede convertirte en un Galileo financiero. No te puedo decir qué es un Galileo financiero hasta que leas el libro y llegues a esta página. Termina el recorrido de las huellitas, no te falta mucho. Ve a la página **#64.**

Sueños de un Galiperro financiero

Lucita, Lucita, ¿por qué te fuiste?

Coyo San, despierta, ¿quién es Lucita?

Es mi ex, una hermosa basset hound que me rompió el corazón. Lamento estar soñando con ella si es una perra tóxica, como las monedas gubernamentales tóxicas. Humano, te recomiendo que nunca estés con una persona o divisa tóxica.

Aprendimos qué es el dinero, también que evoluciona a través del tiempo y por qué algunas criptomonedas son consideradas dinero. Ahora, te voy a platicar de los escenarios posibles a futuro para que, como dice Warren, puedas construir tu arca.

Vivimos en una sociedad donde las empresas ya no venden producto, sino el servicio de usar su producto. Como lo aprendimos en el valor agregado, Petco no vende croquetas, sino el servicio de que tu perro se pasee en la tienda y conozca al amor de su vida mientras compras sus provisiones. Coca Cola te vende felicidad. Starbucks te vende la experiencia. Rappi te vende la comodidad. Ninguno vende su producto en sí. Es decir, los bienes que no son commodities se vuelven servicios agregando un producto (bien) de por medio. Por lo tanto, en mi perspectiva canina, los únicos bienes reales son los commodities.

Concluiremos con que la moneda gubernamental es inflacionaria, es decir, cada día que pasa va perdiendo valor, pues los bienes y servicios aumentan; por el contrario, en la actualidad, las criptomonedas son deflacionarias, al aumentar su valor puedes adquirir mayores bienes y servicios, es por eso que el futuro se inclina a las criptomonedas. La pregunta sería cuáles criptomonedas.

Recuerda los tipos de criptomonedas, ahora vamos a separarlas en 3 categorías grandes que me inventé:

1. Criptodivisas, serían las que están basadas en alguna moneda gubernamental.

2. Criptobienes, serían los que están basados en algún commodity.

3. Criptoservicios, serían los que están basados en algún servicio que ofrecen.

Teniendo eso en cuenta, hay dos panoramas a debatir sobre qué criptomonedas son las que se usarán al futuro.

En el primero, los Gobiernos crean su propia criptodivisa centralizada a base de sus monedas gubernamentales siguiendo con el dominio del monopolio del dinero. Su ventaja es que volvería el intercambio de divisas más fácil y esas transacciones internacionales, que se tardaban días, a veces hasta más de una semana, ahora serán instantáneas. Mientras que los criptobienes se volverán refugio de valor para los inversionistas, los criptoservicios no tendrán relevancia, serían los menos comercializados.

En el segundo caso, los criptoservicios son los que tomarán el mando haciendo que la economía se base en el mercado de oferta y demanda descentralizada de productos y servicios: capitalismo libertario. Cada sector (salud, seguridad, educación, etc.) tendrá su propia criptomoneda y se comercializarán a base de los servicios que necesites. Los criptobienes seguirán siendo un refugio de valor y las criptodivsas serían las criptos para que el sector más vulnerable pueda comercializar con ellas en ciertos establecimientos. Al final el Gobierno solo serviría para reembolsar las criptodivisas por criptobienes o el criptoservicio al que pertenece el contribuyente.

En mi mundo utópico para el humano, el segundo caso me es más atractivo, pues el Gobierno solo se dedicaría a vigilar y asegurar que no se cometan delitos o estafas, quitándoles esa tentación a los gobernantes de ocultar el dinero. La economía sería más democrática y actuaría a partir de oferta y demanda de lo que cada humano necesita y quiere. Espero estar vivo cuando los humanos lleguen a dicha utopía.

Gracias, humano, por tomarte el tiempo de leer este fabuloso libro; sé que esperas más lecciones financieras como para saber en qué criptomoneda vale la pena invertir. Prometo trabajar duro para escribir mi segundo libro sobre inversiones para la raza.

Adiosito, amigo. Coyo San, a mí platícame de qué tratara el segundo libro.

RESPUESTAS

Preguntas I
- i. El dinero es una unidad contable, un refugio de valor y un medio de pago aceptado por una sociedad.
- ii. Por el aprendizaje social.
- iii. La divisa, la moneda gubernamental.

Preguntas II
- iii. Dólar.

Preguntas VIII
- i. La escasez del oro. La demanda monetaria era mayor al oro que existía en las bóvedas de los bancos centrales.
- ii. En la deuda, confianza hacia el Gobierno.

Preguntas IX
- i. Institución que realiza operaciones financieras con el dinero procedente de inversionistas.
- ii. Captar inversión y colocar crédito.

Preguntas X
- i. Por el multiplicador del dinero
- ii. Los bancos solo otorgarían el 10% del capital y se declararía en bancarrota.

Preguntas XI
- i. Consulta la página https://www.smithsonianmag.com/history/in-ponzi-we-trust-64016168/

Preguntas XII
- i. Crecimiento exponencial.
- ii. 18 trillones 446 mil 744 billones 73 mil 709 millones 551 mil 615 granos.

Preguntas XIII
- i. 36
- ii. 5,050
- iii. 127
- iv. 3,906
- v. 16,105

Preguntas XIV
- i. La fila 22 no se completaría.
- ii. Más de 1 billón de dólares.

Preguntas XVI
- ii. Sí.

Preguntas XVII
- i. La prueba de Turing consiste en que una máquina pueda engañar a un humano haciéndolo creer que es humana también. En la actualidad muchos humanos ingenuos creen que Siri es una persona real, reprobando el test.
- ii. Sí.

Preguntas XVIII
- i. Conexión de bloques por medio de IDs y tecnología hash.

Preguntas XX
- i. 246,075 dólares.
- ii. 246,075%.

Preguntas XXI
   i.   113 millones 200 mil dólares.

Pregunta XXIV

ESPERO QUE SÍ

GLOSARIO

Asamblea general. Órgano máximo de una organización o institución que representa a los miembros en la toma de decisiones.

Bancarrota. Situación jurídica en la que una persona, empresa o institución no puede hacer frente a los pagos que debe realizar, por ser superiores a los recursos económicos disponibles.

Banco central. Institución que ejerce como autoridad monetaria en cada país, encargada de la emisión del dinero y de diseñar y ejecutar la política monetaria.

Banco Mundial. Organización multinacional especializada en finanzas y asistencia, que tiene el propósito de reducir la pobreza por medio de apoyos económicos a naciones en desarrollo.

Banco Central Europeo. Banco central de los países en la Unión Europea, emisor de euros.

Brexit. Acrónimo de Britain y exit, se refiere a la salida de Reino Unido de la Union Europea.

Comisión Nacional Bancaria y de Valores. Agencia independiente mexicana. Institución con facultades ejecutivas sobre el sistema financiero mexicano, cuya función principal es supervisar y regular las entidades financieras mexicanas.

Commodity. Materias primas, un bien que tiene un valor o utilidad, con bajo nivel de especialización.

Cookies. Son archivos que crean los sitios que visitas. Guardan información de la navegación para hacer que tu experiencia en línea sea más sencilla.

Card Verification Value. Código de verificación de la tarjeta bancaria que sirve para confirmar que quien utiliza la tarjeta la tiene en su poder.

dApps. Aplicaciones descentralizadas que utilizan 'blockchain para que los usuarios se relacionen directamente entre ellos y cierren acuerdos sin que exista una entidad central que gestione el servicio.

Dividendo. Parte de las ganancias de una sociedad que se distribuye periódicamente entre sus accionistas.

Sistema de Reserva Federal. Banco central de Estados Unidos, emisor de dólares.

Función constante. Función en la que, para cualquier valor de la variable independiente, la variable dependiente no cambia, es decir, permanece constante.

Función exponencial. Función de forma donde a es un número real positivo; es decir, la variable independiente representa el exponente.

International Business Machines Corporation. Empresa multinacional estadounidense de tecnología y consultoría con sede en Nueva York, que fabrica y comercia tanto hardware como software alrededor del mundo.

JavaScript. Lenguaje de programación o de secuencias de comandos que te permite implementar funciones complejas en páginas web.

Liquidez, dinero líquido. Dinero representado en efectivo y que posee un individuo, empresa o institución.

Metadatos. Datos que describen otros datos. Un grupo de datos que describen el contenido informativo de un objeto al que se denomina recurso.

Número de Identificación Personal. Clave de 4 dígitos para identificarse con el sistema del banco.

Modelo geocéntrico. Teoría astronómica que sitúa a la Tierra en el centro del universo, y a los astros, incluyendo el sol, girando alrededor de esta.

Modelo heliocéntrico. Teoría astronómica según la cual la Tierra y los planetas se mueven alrededor del sol de forma relativamente estacionaria y dicha estrella está en el centro del universo.

Organización para la Cooperación y el Desarrollo Económico. Organismo de cooperación internacional, compuesto por 37 estados, cuyo objetivo es coordinar sus políticas económicas y sociales.

Organización Mundial de Comercio. La única organización internacional que se ocupa de las normas que rigen el comercio entre los países.

PIB (Producto Interno Bruto). Magnitud macroeconómica que expresa el valor monetario de la producción de bienes y servicios de demanda final de un país o región durante un período determinado, normalmente de un año o de un trimestre.

Política monetaria. Rama de la política económica que usa la cantidad de dinero como variable para controlar y mantener la estabilidad económica.

Recesión. Disminución o pérdida generalizada de la actividad económica de un país o región.

Startup. Empresa de nueva creación que comercializa productos y/o servicios a través del uso intensivo de las tecnologías de la información y la comunicación.

Tasa de interés. Cantidad que se abona en una unidad de tiempo por cada unidad de capital invertido.

GLOSARIO BLOCKCHAIN

Blockchain ('cadena de bloques'). Conexión de bloques por medio de IDs y tecnología hash.

Bloque. Arquitectura que guarda información por medio de la tecnología hash.

Criptomoneda. Medio digital de intercambio que utiliza criptografía fuerte para asegurar las transacciones, controlar la creación de unidades adicionales y verificar la trasferencia de activos usando tecnologías de registro distribuido.

Encriptación. Que está oculto mediante una clave.

Exchanges. Plataforma de negociaciones virtuales con criptomonedas, que permite a los clientes la realización de operaciones de compraventa de criptomonedas y de intercambios de criptomoneda por alguna otra, por moneda gubernamental o por mercancía.

Fork. Dividir el código de una criptomoneda creando una nueva con alguna o algunas modificaciones en el código.

Granjas de minería. Grupos de mineros cooperadores que dividen ganancias de bloques en proporción al poder de hash de minería contribuida.

Halving. Evento en donde se reduce a la mitad la recompensa a los mineros al minar cierta cantidad de bloques.

Hash. Algoritmo matemático para encriptar datos formando una cadena de caracteres fija haciendo complicada, casi imposible, su descodificación.

ID (Identity Document). Atributo de especificación que define una propiedad de un objeto, elemento o archivo de manera única; en el blockchain especifica un bloque.

Minero. Persona que resuelve los hashes.

P2P (Peer to Peer). Red de ordenadores en la que todos funcionan sin clientes ni servidores fijos, sino con una serie de nodos que se comportan como iguales entre sí.

Pruebas criptográficas. Pruebas que usan técnica de cifrado. Escribir en clave.

Satoshis. Describe el centavo del bitcoin divisible hasta en 8 dígitos. Un bitcoin equivale a 100,000,000 satoshis.

Wallet. Sotfware (programa) para administrar criptomonedas.

REFERENCIAS

Case, Karl E.; Fair, Ray C.; Oster, Sharon M. (2012). *Principios de Macroeconomía*. Pearson Educación de México.

Mitch, F. (2012). Planet Ponzi, Black Swan.

Saifedean, A. (2018). *El patrón Bitcoin* (M. Vaquero Granados, Trad.). EUA: Wiley.

https://www.smithsonianmag.com/history/in-ponzi-we-trust-64016168/

https://www.credit-suisse.com/about-us/en/reports-research/global-wealth-report.html

https://www.forbes.com/real-time-billionaires/#7d430f253d78

https://www.youtube.com/watch?v=aPzW2kzs88I&ab_channel=CINEMAGNO-Pel%C3%ADculasEnEspa%C3%B1ol

http://coinmarketcap.com

https://www.bitcoin.org

https://buybitcoinworldwide.com /es/precio/

Made in the USA
Columbia, SC
28 July 2022